KB090947

모니크 위티그의 스트레이트 마인드

The Straight Mind And Other Essays

이성애 제도에 대한
전복적 시선

모니크 위티그의
스트레이트 마인드

허윤 옮김

유물론적 레즈비어니즘, 이것이 내가 이 에세이 선집의 초반부의 정치적이고 철학적인 접근을 지칭하는 말이다. 나는 이성애를 제도가 아니라 여성에 대한 억압과 전유에 기댄 정치적 레짐으로 설명한다. 절박한 궁핍에서, 농노나 노예와 마찬가지로, 여성은 도망가거나 계급이나 집단으로부터의 탈출을 시도하고/시도하거나 매일, 사사건건, 사회적 계약에 대한 재협상을 '선택'한다. 탈출구는 없다(여성을 위한 땅도, 미시시피강의 저편도, 팔레스타인도, 라이베리아도 없기 때문이다). 해야 할 일은 오직 우리 도망자, 탈출한 노예, 레즈비언 자신의 두 발로 서는 것뿐이다. 누군가는 내 관점이 잔인하다고 받아들일 수도 있다.

세기에 걸쳐 그렇게 대항해 왔던 것을 고려하면, 놀랍지 않다. 우선 우리는 진짜 무슨 일이 벌어지고 있는지 알기 위해 정치학, 철학, 인류학, 역사, '문화'의 길에서 벗어나야만 한다. 그리고 우리는 대단히 멋진 철학적 도구인 변증법과는 아무런 관계없이 해야만 할 것이다. 왜냐하면 여성과 남성의 대립 구조는 계급 갈등의 용어로 이해할 수 없기 때문이다. 우리는 이 갈등이 영구적인 것이 아니며 우리가 정치적으로, 철학적으로, 상징적으로 '남성'과 '여성'의 범주를 파괴해야만 극복할 수 있다는 것을 반드시 이해해야 한다.

변증법은 우리를 실망시켰다. 그러므로 '유물론'과 물질성에 대한 이해는 우리에게 달려 있다. 여기 내가 몇 개의 이름을 거론할 것이다. 이들이 없었다면, 나는 정상성의(straight) 세계를 개념적으로 공격할 수 없었을 것이다. 그들의 작업이 출판된 순서에 따라서 말하면, 니콜-클로드 마티외(Nicole-Claude Mathieu), 크리스틴 델피(Christine Delphy), 콜레트 기요맹(Colette Guillaumin), 파올라 타베(Paola Tabet), 상데 지그(Sande Zeig)는 내가 이 에세이들을 쓰는 동안 내게 가장 중요한 정치적인 영향력을 행사했다. 그러므로 이들은 각자 한 장씩을 헌사받을 만하다.

마티외는 사회학적이고 인류학적인 사회과학에서 처음으로, 여성을 남성의 부속물이 아니라 그 스스로 선 집단으로 설정했다. 그녀는 자신이 성 인류학이라고 부른 것의 기원자이다. 그러나 그녀는 프랑스 전통에서 철학자일 뿐 아니라 인류학자다. 의식에 관한 그녀의 최근 에세이는 기념비적이다.[1] 마티외는 소외된 의식이 아니라 억압된 것으로서 의식 분석을 제공함으로써 우리에게 의식사의 잃어버린 고리를 제공한다.

델피는 '유물론적 페미니즘'이라는 표현을 주조했다. 그리고 그녀는 마르크스주의자의 계급 개념을 바꿨다. 계급이 교환 가치가 없는 종류의 일을 다루지 않음으로써 폐기되었다는 것을 보여 주었다. 그런 일은 최근 UN의 수치에 따르면 전 지구적으로 3분의 2에 해당한다.

기요맹이 등장한 후, 유물론과 물질성에 대한 관점은 알아볼 수 없을 만큼 달라졌다. 우리는 지금까지 유물론이라고 불렀던 것이 지표로부터 매우 멀어졌다는 것을 이해하기 위해 기요맹을 읽어야 한다. 물질성의 가장 중요한 측면이 무시되었기 때문이다. 경제적 보상이 없는 물리적 서비스일 뿐인 노

---

1 옮긴이 주: *L'Anatomie politique. Catégorisations et idéologies du sexe*(Paris, Côté-femmes, 1991).

동으로 인해 심신의 분투가 발생한다. 또한, 한 인간의 밤낮 전체를 강탈하는 노동은 심신에 영향을 미친다. 그러나 기요맹은 여성 억압의 이중적 측면, 개인(아버지와 남편)에 의한 사적 전유와 결혼하지 않은 개인들을 포함한 남성 계급 전체의 집단적 전유를 정의한 것으로 더 널리 알려져 있다. 즉, '성의 사회적 관계(sexage)'다. 네가 결혼하지 않았다면, 그들이 너의 가족이든 말든 관계없이 병든 노역자를 돌볼 수 있을 것이다 (수녀나 자원활동가들이 하는 것처럼).

성 인류학을 하는 타베는 집단적으로 전유되는 여성들 사이의 고리를 제공했다. 특히 성매매에 대한 그녀의 최근 작업은 사적으로 전유되지 않았지만 여전히 집단적으로 이성애 억압의 대상인 여성 계급으로서 소위 성판매 여성과 레즈비언 사이에 연속체가 있다는 것을 보여 주었다.

나와 《레즈비언들: 사전을 위한 재료 Brouillon pour un dictionnaire des amantes》와 연극 〈끝없는 여행 The Constant Journey〉을 함께 쓴 상데 지그[2] 덕분에 나는 억압 효과를 공식화하는 말을 통해서

---

2 옮긴이 주: 미국의 영화감독이자 작가. 위티그의 미발표 단편을 토대로 영화 〈더 걸 The Girl〉을 만들었다. 위티그의 오랜 파트너이기도 하다. 지금은 위티그에 관한 앱 Opponax를 운영 중이다.

신체(그 형태, 몸짓, 움직임, 운동신경 그리고 심지어 근육까지도)에 대한 억압 효과는 개념의 추상적인 영역에 근원이 있다는 것을 이해할 수 있었다. 내가 (〈젠더의 표식〉에서) "언어는 사회체에 실제의 다발들을 던지고 이를 짓밟고, 폭력적으로 형태를 바꾼다. 예를 들어, 사회적 행위자들의 몸체들은…"이라고 말했을 때, 배우로서 그리고 작가로서 그녀의 작업을 생각했다.

언급하지 않은 중요한 이름이 많다. 콜레트 카피탕(Colette Capitan), 모니크 플라자(Monique Plaza), 에마뉘엘 드 레셉스(Emmanuelle de Lesseps), 루이즈 튀르콧(Louise Turcotte), 다니엘 샤레스트(Danielle Charest), 쉬제트 트리통(Suzette Triton), 클로디 레셀리에(Claudie Lesselier) 등. 여기에서는 내 사유 방식에 직접적인 영향을 주었던 사람들만 열거했다.

이 선집은 두 부분으로 나뉜다. 이미 언급한 것처럼 전반부는 정치적 토론이다. 〈성의 범주〉를 통해 나는 '섹스'가 정치적 범주라는 것을 보여 주고 싶었다. 이미 영국과 미국에서 사용되는 '젠더'라는 말은 부정확하다. 〈누구도 여성으로 태어나지 않는다〉에서는 여성을 본질주의적 개념으로 보는 생각에 대항해서 계급으로서 여성을 위해 싸우는 여성들 사이의 고리를 만들려고 시도했다. 〈이성애적 사유〉에서는 몇 세기에 걸쳐 만들어진 주어진 것으로서 이성애라는 사유를 스케치했다. 〈사회계약에 대하여〉에서는 이성애적 사회계약을 넘어서는 이슈가 있다는 생각을 논의한다. 〈호모 숨〉은 정치적 사고와 변증법의 미래에 관한 것이다.

책의 후반부에서는 나의 주요 논의 대상인 글쓰기에 대해 다룬다. 내 첫 번째 책 《오포포낙스 L'Opoponax》는 프랑스 누보로망 그룹[3]의 지지를 받았다. 나는 그들이 소설을 혁명적으로 바꾼 방식과 문학을 문학으로 대하는 태도 등을 항상 존경한다. 그들은 문학에서 작업이 무엇인지 가르쳐 주었다.

〈관점: 보편적인 혹은 특수한?〉에서 나는 문학 형태가 취할 수 없는 종류의 예술 문제를 건드렸다. 그 주제(여기서는 동성애)가 지배적이기 때문이다.

〈트로이 목마〉는 작가를 위한 날것의 재료로서 언어와 새로운 문학적 형식이 등장했을 때 그것이 얼마나 폭력적으로 영

---

3 옮긴이 주: 2차 세계대전 후 등장한 소설로, 사실적인 묘사와 치밀한 구성을 중요시하는 전통적인 소설의 형식을 부정하고, 작가가 자신의 머릿속에 떠오른 순간적인 생각이나 기억을 새로운 형식과 기교를 통해 재현하려는 경향의 소설을 의미한다. 반소설(antinovel)이라고도 한다. 《질투》의 알랭 로브그리예, 《미지인의 초상》의 나탈리 사로트, 《변심(變心)》의 미셸 뷔토르, 《플랑드르의 길》의 클로드 시몽 등이 대표적인 작가이다.

향을 미치는지에 대해 논의한다. 이 에세이는 내가《문학 연습 *The Literary Workshop*》이라 부르는 미간행물에서 발전시킨 것이다.

〈젠더의 표식〉에서 나는 젠더의 본래 의미와 이것이 여성의 실질적 억압에 대한 언어학적 지표를 재현하는 것에 대해 검토한다.

〈행위의 장소〉는 나탈리 사로트(Nathalie Sarraute)의 작업에서 영감을 받은 것으로, 궁극적 사회계약인 언어에 초점을 맞춘다.

새로운 유물론과 관련된 출판 텍스트들은 각기 다른 저널에 실렸다. 첫 번째는《페미니즘의 질문 *Questions Féministes*》으로, 내가 처음 미국에 갔을 때 나에게 합류를 권한 동인 그룹이다. 그때 나는 버클리대학의 프랑스 문학과에서 일련의 세미나를 준비하고 있었다. 여성 억압에 대한 접근에서 나의 인식론적 혁명을 인정받으려는 중이었다. 나는 같은 방향으로 작업하고 있는 이 그룹의 멤버들의 열정에 합류했다.

《페미니스트 이슈 *Feminist Issues*》는 페미니스트 유물론이라는 개념을 발표한 몇 년 뒤 버클리에서 시작되었다. 이들 동인은 나를 자문 편집자로 초대했다. 비록 우리는 프랑스에서 레즈비언 문제와 관련해서 갈등을 빚긴 했지만, 미국 에디터들 [메리 조 레이크랜드(Mary Jo Lakeland)와 수전 엘리스 울프(Susan Ellis Wolf)]은 이 문제가 저널에 해를 끼치지 않을 것이고, 국제적 맥락에서 마땅한 관심을 받으리라고 결론지었다.

《어제의 여전사들, 오늘의 레즈비언들*Amazones d'Hier, Lesbiennes d'Aujourd'hui*》[4]은 루이즈 튀르콧과 다니엘 샤레스트가 이끄는 급진적 레즈비언들에 의해 몬트리올에서 발행되었다. 이들은 자신들이 채택하고 발전시켜 온 이론과 투쟁을 통해 페미니스트 유물론의 필요성과 그것을 넘어설 필요성을 이해하고 있었다.

1991년 봄 투손에서

모니크 위티그

---

4 옮긴이 주: 1982년부터 캐나다에서 발간된 프랑스어 계간지로, 루이즈 튀르콧을 비롯해 다니엘 샤레스트, 제네트 베르게론(Genette Bergeron), 아리안 브루넷(Ariane Brunet) 등의 레즈비언들이 만들었으며, 급진적 레즈비어니즘을 견지했다.

이성애 규범성의 세계에 등장한 '트로이의 목마'

나는 이성애를 제도가 아니라 여성에 대한 억압과 전유에 기댄 정치적 레짐으로 설명한다. 절박한 궁핍에서, 농노나 노예와 마찬가지로, 여성은 도망가거나 계급이나 집단으로부터의 탈출을 시도하고/시도하거나 매일, 사사건건, 사회적 계약에 대한 재협상을 '선택'한다. 탈출구는 없다(여성을 위한 땅도, 미시시피강의 저편도, 팔레스타인도, 라이베리아도 없기 때문이다). 해야 할 일은 오직 우리 도망자, 탈출한 노예, 레즈비언 자신의 두 발로 서는 것뿐이다.

_〈저자 서문〉에서

탈출한 노예들을 위한 책

《게릴라들 *Les Guérillères*》의 작가 모니크 위티그(1935-2003)는 소설, 에세이, 이론 등 글쓰기의 전 영역을 넘나들며 유물론에 기반한 급진적 페미니즘, 급진적 레즈비어니즘을 실천한 페미니스트 소설가이자 이론가다. "레즈비언은 여성이 아니다", "누구도 여성으로 태어나지 않는다" 등의 선언적 명제를 남긴 위티그는 페미니즘이나 퀴어 이론을 공부하는 사람들에게는 잘 알려져 있지만, 저서가 번역된 것은 이번이 처음이다. 위티그의 늦은 도래는 그녀의 글이 워낙 어렵다고 정평이 나 있는 데다 이론가보다 문학가로 잘 알려진 탓이기도 하다. 하지만 한때 난해한 프랑스 페미니스트들의 이론서가 한국에서 엄청난 인기를 끌었던 것을 생각한다면 그래도 늦은 감이 없지는 않다.

이는 위티그의 작업이 포스트모던 페미니즘의 물결에서 한국에 소개된 프랑스 페미니즘과 결을 달리하기 때문이다. 위티그는 여성성을 중심으로 차이의 정치학을 고민하던 프랑스 페미니즘 계열과 달리, 여성 집단을 계급으로 인식하고, 그 계급으로부터 탈출할 것을 제안하는 급진적 페미니스트이다. 이로인해 2000년대 초반 한국의 프랑스 페미니즘 열풍에서는 제대로 소개되지 못했다. 프랑스 페미니스트라는 범주 자체가 위티그에게는 적절하지 않을지도 모른다.

여성을 노예 계급으로 명명하는 위티그의 강력한 목소리는 이성애 정상성에 반대하고, '여성성의 신화'를 해체하는 것으로 이어진다. '이성애자/정상적인/올바른' 대 '동성애자/비정상/잘못된'의 이항 대립을 '자연스럽게' 생각하도록 만드는 이성애적 사유는 남성과 여성이라는 이분법적 질서를 낳았다. 이 때문에 위티그는 여성이 이성애라는 정치적 레짐으로부터 탈출해야 한다고 주장한다. 하지만 이성애를 생물학적이고 '자연스러운' 것이 아니라 사회적이고 정치적인 것으로 살펴보자는 주장은 아직까지도 사람들에게 선뜻 받아들여지지 않는다. 성평등이 남성과 여성이라는 신의 질서를 위반한다고 퀴어 문화 축제를 반대하거나, '성적 지향과 성정체성을 이유로 한 차별과 폭력을 금지하고 성소수자에 대하여 평등한 권리를 보장해야 한다'는 차별금지법에 반대하는 등 한국 사회에서 여전히 성별 이분법과 이성애 중심주의는 강고해 보인다. 40년 전 위티그의 사유는 지금을 살아가는 페미니스트들, 탈출한 노예들에게 어떤 무기를 가져다줄까?

《스트레이트 마인드》는 위티그가 편집위원으로 합류했

던 《페미니스트 이슈》를 비롯한 여러 매체에 실린 이론적 에세이 9편을 모은 선집이다. 위티그의 유일한 '이론서'인 만큼, 위티그의 사상을 알려면 꼭 읽어야 할 책이다. 위티그는 프랑스의 여성 해방 운동단체인 MLF(Mouvement de Libération des Femmes)[1]의 초기 멤버였으며, 1971년 프랑스 최초의 레즈비언 페미니스트 그룹인 '구인 루주(Gouines rouges)'의 발기인이 되었다. 1976-1990년에 걸쳐 발표된 글을 모은 이 책은 1992년 미국에서, 2001년 프랑스에서 출간되었다. 전반부의 다섯 편은 '이성애 계약'에 관한 위티그의 사유를 살펴볼 수 있는 글이다. 〈성의 범주〉는 섹스와 젠더의 구분은 부정확하며, 성별 역시 정치적 범주라고 설명한다. 〈누구도 여성으로 태어나지 않는

---

1 MLF는 68혁명 이후 등장한 프랑스 여성 해방 운동에서 가장 중요한 단체다. '분리주의'를 선택했으며 크게 세 그룹으로 나뉜다. '계급투쟁(la Lutte de classe)', '혁명적 페미니스트(les Féministes révolutionnaires)', '정신분석과 정치(la Psych et politique)'이다. 위티그는 '혁명적 페미니스트'에 속했다. 이들은 계급으로서 여성에 주목하여, 가부장제하에서 여성은 억압받는 노예 계급에 속하며, 이를 철폐하기 위해 급진적인 투쟁을 전개해야 한다고 주장했다. '정신분석과 정치'가 이후 영미권에서 주목받은 '프랑스 페미니즘' 그룹이다. 크리스테바, 이리가레, 식수 등과 같은 정신분석학 연구자들을 스타로 만들고, 이들의 작업을 '프랑스 페미니즘'이라고 정의·소개한 것은 사실상 미국의 여성학이다.(강초롱, 〈현 프랑스 페미니즘이 직면한 현실 (1) – 미국산 프랑스 페미니즘의 탄생과 확산을 중심으로〉, 《비교한국학》 23(3), 국제비교한국학회, 2015, pp. 311~355쪽)

다〉는 생물학적 여성성에 대한 신화화로 연결되는 '여성' 개념에 대해 비판하고, 계급으로서 여성을 주장한다.

〈이성애적 사유〉는 동성애의 짝패로서 만들어진 이성애가 '자연스러운' 것으로 자리 잡게 된 과정을 비판하고 〈사회계약에 대하여〉에서는 이성애야말로 정치경제적으로 강제된 사회계약이라는 점을 밝힌다. 〈호모 숨〉에서는 근대 서구 사회를 설명하는 철학적 개념인 변증법과 이항 대립을 검토하며 여성을 부정 항에 놓는 구도를 비판한다.

후반부의 네 편은 위티그의 문학관을 통해 이성애적 사유를 해체하는 무기로서 언어에 대해 살펴본다. 〈관점: 보편적인 혹은 특수한?〉은 남성의 관점을 보편적인 것으로 여겨 온 세계관을 비판하면서 소수자 작가의 관점을 보편적인 것으로 만들어야 한다고 주장한다. 이 장에서는 여성적 글쓰기에 대한 위티그의 비판을 살펴볼 수 있다. 〈트로이 목마〉는 언어를 낯설게 만드는 것이야말로 문학이 해야 할 역할이라고 주장하면서, 충격을 줄 만큼 새로운 인상을 주는 글쓰기를 이론화한다. 그런 언어야말로 '트로이의 목마'와 같이 기존 질서를 파괴할 수 있다는 것이다. 〈젠더의 표식〉은 위티그 자신의 소설을 중심으로 인칭대명사의 활용을 검토한다. 부정대명사와 elles(그녀들)의 활용을 통해 위티그는 남성이 곧 보편 인간을 재현하는 글쓰기 방식에 반대한다. 〈행위의 장소〉는 나탈리 사로트의 작업을 중심으로 궁극적 사회계약인 언어에 초점을 맞춘다. 위티그가 계속해서 문학과 글쓰기를 탐구하는 것은, 언어야말로 자유롭게 새로운 계약을 맺을 수 있다는 점에서 "강제적 이성애"를 탈구할 수 있기 때문이다.

《스트레이트 마인드》에 실린 글은 위티그의 소설처럼 비선형적이고, 탈규범적이다. 변증법부터 사회계약, 문학을 넘나드는 그녀의 글쓰기는 경계를 넘어 다방면으로 펼쳐진다. 언어를 통해서 이성애적 레짐의 해체를 시도하는 위티그의 작업을 좀 더 구체적으로 살펴보자.

자신의 두 발로 선 레즈비언 페미니스트

위티그 이름이 세상에 처음 알려진 것은 1964년 첫 번째 소설 《오포포낙스》를 출간하면서부터다. 사실 이 소설이 출간될 때까지 위티그는 많은 출판사로부터 거절당했다. 누보로망 계열의 작품을 다수 출간한 미뉘 출판사(Les Éditions de Minuit)가

《오포포낙스》를 선택했고, 이 소설은 발간되자마자 프랑스를 대표하는 문학상인 메디치상을 받았다. 나탈리 사로트, 알랭 로브그리예, 클로드 시몽 등 프랑스 문학의 거장들로부터 찬사를 받은 것은 물론이다. 《오포포낙스》는 독자들에게 익숙한 전통적 형식이나 장치를 피하고, 비선형적인 서술로 진행하는 등 위티그의 문학 세계를 널리 알린 작품이 되었다. 여기서 그녀는 부정대명사 on(영어로는 one)을 의도적으로 사용해 말하는 주체의 문제를 다룬다. 이는 '그들'이 사실상 남성적 형태를 지칭하는 것에 대한 문제 제기다. 이후 위티그의 《게릴라들》(1971)과 《레즈비언 육체 Le corps lesbien》(1973)까지 세 편의 작품을 '대명사 3부작'이라 부르기도 한다. 위티그가 문학을 통해 보여 준 대명사 실험은 사실상 주체의 젠더를 심문했다.

위티그의 두 번째 소설은 1971년에 발표된 문제작 《게릴라들》이다. 서사시의 내용과 형식을 해체한 것으로 알려진 이 작품은 남성 영웅 한 명의 일대기를 '객관적'으로 전달한다는 서사시의 규범과 관습을 해체하고 복수의 여러 여성 영웅을 소환한다. 여성들은 남성을 고문하고, 그들의 피부를 벗겨 내는 등 잔혹한 전투를 벌인다. 총과 칼이 난무하는 이 소설은 잔혹성과 폭력성 때문에 비판을 받기도 했다. 위티그는 내용뿐 아니라 형식적 측면에서도 새로운 실험을 시도한다. 《게릴라들》은 프랑스어에서 보편 주어로 잘 쓰이지 않는 elles(그녀들)을 주어로 설정한다. '주관적인' 묘사를 직접 삽입해서 이것이 노래인지, 인물의 내면인지, 서술자의 진술인지 구분할 수 없게 만들기도 한다.

《레즈비언 육체》에서는 je(나)로 시작하는 문장을 의도적으로 수동태로 만든다든가 m/a(나/의)처럼 주어와 소유격 사이에 빗금을 그어서 주체의 소유를 불가능하게 만든다.[2] 이러한 언어 실험은 이성애자 남성을 주어로 설정한 근대적 주체에 대한 비판이다. 그녀의 창작 방식은 지넷 윈터슨(Jeanette Winterson) 같은 작가들에게 영향을 미쳤다. 윈터슨은 주체의 성별을 가리는 방식으로 글을 쓰면서 퀴어 문학을 한 단계 성장시켰다는 평가를 받는다.

위티그는 1960년대부터 꾸준히 문학과 에세이 작업을 했고, 1975년 파리에서 영화감독인 상테 지그를 만나 1976년 함께 미국으로 이주했다. 이후 위티그는 상테 지그와 함께 《레즈비언들: 사전을 위한 재료》(1976)를 썼다. 상테 지그는 위티그의

---

2 이송이, 〈타자의 글쓰기─레즈비어니즘과 여성적 글쓰기〉, 《여성학연구》 27(3), 부산대 여성연구소, 2017, pp. 7~40.

미발표 단편을 토대로 영화 〈더 걸 The Girl〉(2001)도 만들었다. 위티그는 영어와 프랑스어를 유창하게 구사해 자신의 작업을 스스로 번역하기도 했다. 2003년 심장마비로 사망할 때까지 투손에 있는 애리조나대학에서 프랑스 문학(1990-2003)과 여성학(1997-2003)을 가르쳤다.

위티그에게 문학은 자신의 사상을 표현하는 방식이었다. 다양한 언어 실험을 통해 자신의 사유를 문학으로 풀어냈다. 다수의 에세이도 발표해 급진적 페미니즘의 역사에서 중요한 인물이 되었다. 여성들에게 노예 상태에서 탈출하라고 외친 위티그는 철저한 사유와 실천으로 급진적 페미니즘의 역사에서 자신의 발자국을 남겼다.

여성은 없다. 고로 여성적 글쓰기도 없다

젠더는 하나뿐이다. 여성. '남성'은 젠더가 아니다. 남성적인 것은 남성적인 것이 아니라 일반적인 것이다.
_〈관점: 보편적인 혹은 특수한?〉

1990년대 후반부터 한국의 아카데미에서는 '여성적 글쓰기'와 프랑스 페미니즘이 페미니즘 문학/문화 이론에서 화두가 되었다. 쥘리아 크리스테바, 엘렌 식수, 뤼스 이리가레 등 프랑스 페미니스트들의 작업이 활발하게 소개되었으며, 이는 당시 한국 사회에 등장하기 시작한 일군의 여성 비평가들에게 빠르게 흡수되었다. 신경숙, 은희경, 한강 등 1990년대에 활발하게 활동한 여성 작가들의 시와 소설은 가부장제 사회에서 이성, 폭력, 근대성 등으로 상징되는 '남성적 글쓰기'와 구분되는 '여성적인 것'으로, '여성적 글쓰기'로서 읽혔다. 원시적, 위반적, 분열적인 '여성적 글쓰기'는 여성 작가들의 존재를 복원해 문학사에 기입하는 것에서 더 나아가 여성문학의 가치를 설명해 줄 수 있을 것으로 각광받았다.

프랑스 페미니즘은 후기 구조주의와 정신분석학을 근간에 두고 여성성을 중심으로 한 차이의 정치와 여성적 글쓰기를 주장했다. 식수는 '목소리·몸·열린 주체'를 여성적 글쓰기의 특징으로 꼽으며, 상징 질서의 안팎을 넘나드는 글쓰기의 가능성을 탐구했다. 언어의 소리·리듬·운율 등을 강조하고, 상징계 이전의 기호계(크리스테바)를 강조하는 등 여성적 글쓰기는 언어로 구조화된 남성 중심적 질서에 균열을 내기 위한 작업이라는 평가를 받았다. 그러나 위티그는 이들이 말하는 여성적 글쓰기 혹은 '여성성'이 결국은 성별 이분법이 만들어 낸 여성성, 남성성을 자연화한다고 비판하였으며, 자신의 작업을 '여성적 글쓰기'라고 부르는 것에 반대했다. 즉 여성의 차이를 강조하려면 여성성 자체가 고유하고 본원적인 것으로 만들어져야 하고, 이는 결국 남성과 여성이라는 성차를 신화화하는 결과를 낳는다는 것이다.

성의 영속성과, 노예와 주인의 영속성은 같은 믿음에 기인한다. 주인이 없으면 노예가 없는 것처럼, 남성이 없으면 여성도 없다. 성차라는 이데올로기는 여성과 남성의 사회적 위치를 가장함으로써 우리 문화에서 자연 토대의 일종의 검열로 기능한다. 남성적인/여성적인, 남성/여성은, 사회적 차이가 항상 정치, 경제, 이데올로기적 질서에 속한다는 사실을 가리기 위해 동원되는 범주다.
_〈성의 범주〉

이러한 문제의식은 〈관점: 보편적인 혹은 특수한?〉에서도 나타난다. '여성'이 특수한 것이 아니라 보편적인 것이 되어야 한다는 주장이다. 위티그는 "소수자 작가의 텍스트는 소수자 관점을 보편적으로 만들 때만 성공할 수 있다"고 선언하면서, 차이의 정치가 아니라 보편성을 전유할 것을 주장한다. 이러한 주장을 뒷받침하기 위해 가져오는 텍스트는 주나 반스의 소설이다. 레즈비언을 주인공으로 한 반스의 소설은 소수자의 존재를 승인하는 것에서부터 그들 집단의 사회학적 현실까지 설명하는 데까지 나아간다. 반스는 젠더를 쓸모없는 것으로 만들어서 젠더를 상쇄했다.

위티그가 말하는 보편성은 레즈비언 관점을 보편적인 것으로 주장하는 것이다. 여성성을 신화화하는 대신 보편화함으로써 보편 주체로 상정된 이성애자-남성을 탈구축하는 것이다. 이때 여성은 억압받는 자로서 여성 계급을 지칭하고, 이에 따라 궁극적 목표는 계급으로서 '여성'의 종말이 된다. 테레사 데 라우레티스(Teresa de Lauretis)는 위티그가 계급 없는(즉 젠더 없는) 사회를 상상하기 위해서 '레즈비언 사회'라는 실제로 존재하는 청사진을 거론했다고 말한다. "레즈비언이 된다는 것은 여성에게 주어진 규범을 거부하는 것에 그치는 것이 아니라 남성의 정치, 경제, 이데올로기적 힘을 거부한다는 것을 의미한다." 라우레티스는 위티그의 레즈비언이 성적 지향이나 정치적 우선성을 갖는 사회적 주체가 아니라 인식론적 실천을 위한 개념적 형상이라고 지적한다. 위티그를 본질주의자라고 비판하는 사람들은 이를 오해하고 있다는 것이다.[3] 라우레티스에 따르면, 위티그의 레즈비언은 투쟁과 해석 과정에서 생성된 특이한(eccentric) 주체다. '레즈비언 사회' 역시 여성 동성애자의 집합이 아니라 인식론적이고 실험적인 페미니스트들로 이뤄진 것이다.[4] 이성애 제도를 탈출한 레즈비언이야말로 이성애 제도로부터 자유로울 수 있다.

여성성에 대한 강조는 젠더나 성정체성이 글쓰기의 성격이

---

3 라우레티스는 위티그에게 본질주의자나 레즈비언 분리주의자라는 이미지가 생긴 것은 주디스 버틀러의 비판 때문이라고 지적한다. 버틀러는 《젠더 트러블》에서 위티그가 동성애를 '순수화'한다고 비판한다. 이성애와 동성애의 근본적인 단절을 주장하는 위티그의 설명 방식이 자가당착에 빠졌다는 것이다. 또한 위티그가 이성애 계약의 규범과 기준 등을 언급할 때 상정한 '일관된 이성애'는 불가능한 이상이며, 일종의 '페티시'라고 지적한다. 그러면서 레즈비언 되기 혹은 퀴어적 실천에서 핵심은 권력의 전복적이고 패러디적인 재배치라는 점을 강조한다. 즉 버틀러는 위티그가 주장하는 것처럼 이성애와 근본적으로 단절함으로써 레즈비언이 되는 것이라면, 레즈비어니즘은 그 자체로서 이성애를 필요로 하는 이항 대립 구조를 다시 소환하게 된다는 지적이다. Teresa de Lauretis, "When Lesbians were not women", *On Monique Wittig*(University of Illinois Press, 2004), pp. 51~62. 주디스 버틀러의 위티그 비판은 주디스 버틀러, 《젠더 트러블》, 조현준 옮김(문학동네, 2008), pp. 292~326을 참조.

4 Teresa de Lauretis, 위의 책.

나 범주를 제한하는 결과를 낳는다. 위티그는 주나 반스가 여성적인 것을 일반화함으로써 젠더를 쓸모없는 것으로 만들어서 젠더를 상쇄하는 방식을 선택했다고 평가한다. '여성'이라는 언어를 그대로 유지하는 한, 우리는 여성과 남성이라는 이분법적 질서, 이성애 중심적 세계관으로부터 벗어날 수 없다. 이를 위티그는 '이성애적 사유'라고 불렀다. 위티그는 스스로를 여성 작가가 아니라 '급진적 레즈비언'이라고 소개하며 "레즈비언은 여성이 아니다"고 선언했다. 이는 '여성'이 이미 이분법적 이성애 중심주의를 받아들인 언어인 반면 레즈비언은 이성애 규범 바깥에 존재하기 때문이다.

이처럼 성교 의무와 그 의무가 사회 구성에 필요한 것으로 생산하는 제도를 거부하는 것은 그야말로 불가능하다. 이는 타자의 구성 가능성을 거부하는 것이고, "상징 질서"를 거부하는 것이기 때문이다. 즉 그 제도 없이는 누구도 내부적 일관성을 유지할 수 없기에 의미 형성이 불가능해지는 것이다. 그러므로 레즈비어니즘, 동성애 그리고 우리가 만든 사회는 실제로 존재하더라도 다른 사람이 생각하거나 말할 수 없다. 이성애적 사유는 계속해서 근친상간을 승인하고, 동성애 금지가 아닌 근친상간 금지를 주로 재현한다.

_〈이성애적 사유〉

이성애는 정치적이고 사회적인 계약이다

나는 항상 여성은 농노 계급만큼 구조화된 계급이라고 생각했다. 나는 이제 그들이 한 명씩 도망쳐서 이성애 질서로부터 멀어질 수 있다는 것을 안다.

_〈사회계약에 대하여〉

1960년대 급진적 페미니스트들은 68혁명의 자장에서 여성해방을 사유했다. 68혁명의 리더로 자임한 사람들은 남성 중심적 질서를 의심하지 않았는데, 위티그는 급진적 페미니스트로서 68혁명과 그 한계를 비판하기 시작했다. 1970년 5월 티셔츠를 입은 여성 18명이 여성 억압을 비판하는 시위를 조직했다. 프랑스 좌파 운동에서 최초의 일이었다. 나마스카 샤크티니(Namascar Shaktini)[5]는 당시 약 200명의 남자들이 자신들을 향해 옷을 벗으라고 소리쳤다고 기억한다. 나가지 않겠다고 버티는 남성들을 다 내보내고, 여성들만으로 이루어진 시위가 진행되었다.[6] 위티그는 이 시위를 통해 MLF의 출발로 알려진 선언문 〈여성 해방 운동을 위하여〉를 자신과 동생 질 위티그(Gille Wittig), 마르시아 로젠버그(Marcia Rothenberg), 마가렛 스티븐슨(Margaret Stephenson) 네 명의 이름으로 발표했다. 이 글에서 위티그는 '우리, 여성'을 "사람들 안에서 식민화된 사람, 너무 잘 가정화되어서 의존하고 있다는 것조차 잊어버린 사람"으로 정의한다. "우리가 잘 자라는 것은 남성을 위한 것이고, 우리가 사는 것은 남성에 의한 것이다. 남성은 우리의 몸을 구매할 수 있고, 욕망이 충족되면 버릴 수도 있다."[7] 이처럼 성적 착취, 성별 분업과 여성 노동에 대한 멸시 등을 고발하면서 여성을 노예 계급으로 명시하고, 계급 해방을 위해 노력해

---

5 옮긴이 주: MLF 당시 위티그의 동료였던 마가렛 스티븐슨(Margaret Stephenson)이 이름을 바꿔 나마스카 샤크티니가 되었다. 샤크티니는 1970년대에 파리로 공부하러 갔다가 위티그를 만났으며, 함께 여성 해방 운동 시위를 조직했다. 롤랑 바르트의 지도로 박사 학위를 받았고, 현재 플로리다 애틀랜틱대학에서 프랑스 문학을 가르치고 있다. 위티그의 사후 발행된 단행본 *On Monique Wittig*를 편집했다.

6 Namascar Shaktini, "Introduction of "For a Women's Liberation Movement", ibid., pp. 15~20.

7 "For a Women's Liberation movement", ibid., pp. 21~34.

야 한다고 외친다.

위티그는 마르크스주의의 한계를 비판하면서 유물론적 페미니즘을 주장한다. 크리스틴 델피를 비롯한 유물론적 페미니스트들은 가부장제가 남성의 지배를 정당화하기 위해 오랜 기간에 걸쳐 인위적으로 만들어 낸 것이라고 지적하면서, 여성 억압은 사회적 구성의 결과물이며 경제적 토대 위에서 이루어지고 있다는 점을 전제로 한다.

> 과학과 이론을 생산하는 담론이 추상적이라고 할지라도 그 담론이 물질적이고 실질적으로 우리 몸과 마음에 행하는 권력에는 추상적인 것이 없다. 그것은 지배의 한 형태이며, 바로 그 표현이다.
> _〈이성애적 사유〉

이런 부분을 보더라도 위티그를 본질주의자라고 볼 수는 없다. 위티그는 여성은 자연적인 차이가 아니라 유물론적으로 만들어진 '계급'이며, 남성에 의한 여성의 지배를 정당화하기 위해 여성의 차이가 강조된다고 비판한다.

〈호모 숨〉에서 위티그는 유일자와 타자로 구성된 이항 대립을 해체하고자 시도한다. 근대 서구 사회를 직조한 변증법은 주인과 노예의 이항 대립 관계로부터 출발한다. 그러나 마르크스는 인종차별주의, 반유대주의, 성차별주의 등을 모두 계급 갈등으로 환원했다. 위티그는 이 이항 대립의 변증법이 어떻게 만들어졌는지를 추적하기 위해 아리스토텔레스까지 거슬러 올라간다. 유일자와 대타자의 이항 대립은 일련의 대립항에 부정적인 이미지를 부여한다. '유일자−남성'의 대립항에 '타자들−여성−불화−불안' 등이 있다. 그러나 이러한 이항 대립의 계급투쟁에서 승리하면, 이제 과거의 타자들은 유일자가 된다. 프랑스혁명에서 부르주아들이 새로운 세계의 지배자가 된 것처럼 말이다. 여기서 위티그가 질문하는 것은 모든 타자가 유일자의 범주로 옮겨 간다면, 즉 이항 대립이 사라진다면 어떻게 되느냐는 점이다. 남성과 여성이 각각의 항을 차지하지 않고 모두 인간이라는 범주로 합쳐진다면 어떻게 될까? 유일자와 타자의 구분이 없어진다면, 우리가 모두 인간이 된다면 말이다.

우리가 모두 인간이 된다면, 이성애와 동성애는 사라질 것이다. 그렇다면 이 정치적이고 사회적인 이성애를 어떻게 해체할 수 있을 것인가? 에이드리언 리치(Adrienne Rich)는 "강제적

이성애"라는 말로 이성애의 사회계약적 성격을 폭로했다.[8] 위티그는 이를 발전시켜 "이성애 계약"으로 명명했고 성별 이분법을 폐지함으로써 이성애 계약을 깨트려야 한다고 말한다.

> 성의 영속성과, 노예와 주인의 영속성은 같은 믿음에 기인한다. 주인이 없으면 노예가 없는 것처럼, 남성이 없으면 여성도 없다.
> _〈성의 범주〉

위티그에 따르면, 남성과 여성이라는 젠더의 구분은 이항 대립에 근거해 이성애를 '자연스럽게' 받아들이기 위해 고안된 인공적인 것이다. 선험적으로 주어진, 생물학적으로 타고난, 신의 섭리에 따른 구분이란 존재하지 않는다는 주장이다.

> 성(sex)은 없다. 억압받는, 그리고 억압하는 성이 있을 뿐이다.
> _〈성의 범주〉

따라서 위티그가 "레즈비언은 여성이 아니다"고 단언할 때,

---

8 에이드리엔 리치, 〈강제적 이성애와 레즈비언 존재〉, 《레즈비언 페미니즘 선언》, 나영 옮김(현실문화, 2019).

'여성'은 이항 대립적으로 구축되고 이성애 중심적으로 구성된 신화화되고 자연화된 여성을 의미한다. 이성애가 강제적으로 만들어진 계약이라면, 우리는 호혜적으로 이 계약을 깨트릴 수도 있다. 상징 질서의 수준에서 구조화된 계약을 깨트리는 것을 보여 주기 위해, 위티그는 언어 실험을 시도한다.

위티그는 궁극적 사회계약으로서 언어를 재검토한다. 〈트로이의 목마〉에서 위티그는 정치학, 철학에서 성 범주를 파괴하고, 언어에서 젠더를 파괴하는 것이 자신의 작업이라고 설명한다. 새롭게 등장한 '전쟁 기계'로서의 문학이다. 그녀는 언어를 다루는 자로서 젠더와 언어의 관계를 재조직한다. 상징 질서에서 여성은 발화의 권위를 박탈당하고 스스로를 부분화하도록 강제된다. 그러나 위티그는 on이나 elles과 같은 인칭대명사를 사용함으로써 ils(그들)에 부여된 권위를 박탈한다. 여성, 레즈비언, 게이 남성이 화자의 위치를 보편적 관점에서 선점한다면, 문학은 전쟁 기계가, 트로이의 목마가 될 수 있다. 이는 강제적인 사회계약으로서 언어를 해체함으로써 호혜적인 새로운 계약을 맺는 것이다.

사회계약의 천국은 오직 문학에만 존재한다.

_⟨행위의 장소⟩

위티그가 이렇게 말한 이유는 문학을 통해 새로운 언어를 만들고, 공론장의 상징 질서를 해체할 수 있기 때문이다. 그런 점에서 언어는 가장 원초적인 계약인 동시에 가장 자유로운 계약이며 '이성애 계약' 혹은 상징 질서를 해체할 수 있는 단초를 보여 준다.

2020년 한국에서 위티그 읽기

급진적 페미니즘은 젠더를 여성 억압의 근본 원인으로 삼고, 이 억압으로부터 해방되기 위해 노력한다. 즉 여성을 근본 억압으로부터 해방시키기 위해 여성 범주의 해체, 이성애 정상성의 탈구를 주장한 위티그는 자유주의, 마르크스주의, 급진주의 등으로 분화되던 제2물결 페미니즘 속에서 근본적 전환을 의미하는 존재였다. 위티그에 와서 "여자로 태어나는 것이 아니라 여자로 만들어진다"는 보부아르의 유명한 명제는 "누구도 여성으로 태어나지 않는다"로 바뀐다. 여자로 만들어진다(becoming)에서 '여자'는 '없다'로의 전환은 섹스와 젠더, 섹슈얼리티의 기축을 흔들었다. 위티그의 "레즈비언은 여성이 아니다"는 선언은 정상과 비정상의 이분법이 만들어 낸 '여성'이라는 기표를 버리고 새로운 계약을 맺겠다는 의지의 표현이다.

성은 정신적인 생산도 통제하기 때문에 몸뿐 아니라 마음의 형태도 결정한다. 그것은 우리가 그 바깥을 생각할 수 없게 만드는 방식으로 우리의 마음을 통제한다. 이것이 우리가 성을 반드시 파괴해야만 하는 이유이고, 성을 넘어서 생각하기 시작해야 하는 이유다. 우리가 새롭게 생각하길 원한다면, 우리가 존재하기 시작하기를 원한다면, 우리는 사회적 현실로서 성을 파괴해야만 한다. 성 범주는 여성을 노예로 만드는 범주다.
_〈성의 범주〉

위티그는 성 범주가 이성애 계약을 유지시키고 자연화하기 위해 필요한 것으로 보았기 때문에 이성애 계약과 불화하는 근본적인 표상으로 레즈비언을 형상화한 것은 자연스러운 일이다. 레즈비언 되기를 통해 성 범주를 해체하고, 정치적 레짐으로 존재하는 이성애 중심적 가부장제 사회를 전복할 것을 주장한 것이다. 누구도 여성으로 태어날 수 없으며, 성적 차이는 정치, 사회문화적으로 만들어진 유물론적인 것이다. 이성애 중심성을 해체할 수 있는 인식론적 주체로 형상화된 레즈비언은 남성의 상징 질서, 정치·경제·이데올로기적 힘을 거부하는 존재를 의미한다. 위티그의 주장이 이후 퀴어 이론으로 확장된 배경이다.

3, 40년 전의 위티그 글을 지금 한국에서 다시 읽어야 하는 이유는 무엇일까. 2015년 이후 한국 사회에서 중요한 분절을 만들어 낸 '페미니즘 리부트'는 억압받는 계급으로서 여성이라는 문제의식을 던졌다. 젠더를 근본적인 억압 원인으로 보는 급진적 페미니스트들의 목소리가 빠르게 대중화되었고, 꾸밈 노동·연애·결혼·출산 등 여성에게 주어진 규범을 거부하겠다는 흐름이 확산되었다. 이는 가부장제를 가능하게 하는 질서의 토대인 이성애 레짐을 거부하는 것이기도 했다. 재생산 노동을 자연화하고, 탈정치화해 가족 중심의 가부장제를 유지하는 정상성의 축을 해체하려는 것이기 때문이다.

위티그에게 이러한 시도는 정상과 비정상의 구분을 해체하는 데까지 나아간다. 정상성이 이성애 중심적 가부장제를 추동하는 기제라면, 여성 억압은 정상성이 만들어 낸 구조다. 여성 억압에 대한 문제 제기는 근본적 차원에서 정상과 비정상의 틀을 해체하는 것에서 시작될 수밖에 없다. 그런 점에서 현재 한국에서 필요한 것은 정상성을 재사유하게 하는 질문들이다.

2020년 한국과 같은 가부장제 자본주의 사회에서 페미니스트가 되는 것은 더 나은 개인이 되기 위해서가 아니다. 늙고 병든 노년을 맞이하지 않기 위해 꾸밈노동에 들어가는 비용을 절약하고, 성별 임금 격차를 타파하고, 유리천장에 반대하는 것이 아니다. 늙고 병든 노년 비혼 여성도 자신의 삶을 주체적으로 영위할 수 있는 평등하고 차별 없는 세계를 위해, 우리가 발 딛고 있는 세계의 물적 토대를 전유하려는 것이다. 노년 여성이, 이주민 여성이, 장애 여성이 '나답게' 살 수 있도록 하기 위해 정상성의 언어를 바꾸려는 것이다. 사회적 약자를 도와야 할 시혜 대상으로 바라보는 것이 아니라 당연히 권리를 누려야 할 존엄한 한 인간으로 바라볼 수 있도록 하기 위해 우리의 시선과 언어를 바꾸려는 것이다. '여성'을 해체하자는 위티그의 급진적인 주장처럼, 페미니즘은 '더 나은 삶'을 요구하고, 평등의 개념을 근본적으로 전환시킬 수 있는 언어가 되어야 한다.

위티그가 '정상성의 신화'에 도전하기 위해 선택한 것은 언어를 통한 전투다. 위티그의 소설은 지나치게 난해하고, 폭력적이며, 번역하기 어렵다. 즉 언어를 통한 실험이 즉각적으로 운동에서 추동력을 갖거나 대중화되기에는 한계가 있다는 비판을 받는다. 그럼에도 불구하고 위티그는 언어를 통해 자신의 이론을 실천한다. 이 언어는 새로운 사회계약을 시도한다. 가진 자와 못 가진 자, 남성과 여성, 시민권자와 이주민, 국민과 비국민을 가르는 기존의 언어가 아니라 이들의 경계를 해체하는 새로운 언어를 요청하는 것이다. 우리의 급진적 페미니즘은 이 정상성의 범위를 넘어선, 새로운 사회계약의 언어를 준비하고 있는지 질문할 때다.

차례

1

성의 범주[1]

(1976 / 1982)

1   옮긴이 주: 이 글은 1982년《페미니스트 이슈》가을 호에 발표되었다. 발표
    당시 글의 말미에 '1976년 버클리에서'라고 적혀 있는 것으로 보아, 초안을
    1976년에 작성한 것으로 추정된다.

O는 정력이 넘치는 아이디어를 표현했다. 정력적이거나 적어도 남성적인. 마침내 그것을 인정한 여자! 누가 무엇을 인정했나? 여성이 지금까지(그리고 오늘날에는 전보다 훨씬) 인정하지 않았던 것, 남성이 언제나 비난해 왔던 것: 여성은 본성에, 피의 부름에 계속 복종할 것이다. 거기에 모든 것이 있다. 여성의 정신까지도. 그것은 성이다.

_폴린 드 레아주(Pauline de Réage)의 《O의 이야기 *The Story of O*》에 실린 장 폴랑(Jean Paulhan)의 추천사 〈노예제 안의 행복 Happiness in Slavery〉에서

1838년에 바베이도스의 평화로운 섬은 이상한, 피 흘리는 혁명을 경험했다. 최근에 3월 선언의 세례를 받은 약 200명의 남녀 검둥이(Negroes) 모두가 어느 날 아침 찾아와 자신들의 전주인인 그레넬그(Glenelg)에게 자신들을 다시 구속해 달라고 간청한 것이다. 나는 그레넬그의 노예들이 그들의 주인과 사랑에 빠졌다고, 그래서 주인 없이는 견딜 수가 없었다고 추측한다.
_ 장 폴랑, 〈노예제 안의 행복〉

내가 무엇을 위해서 결혼해야 하는가? 나는 삶이 그 자체로 좋다. 나에게 왜 아내가 필요한가? 그리고 여자의 좋은 점은 무엇인가? 여자는 일꾼이다. 여자는 남자의 하인이다. 그런데 나한테 무엇 때문에 일꾼이 필요하단 말인가. 그뿐이다. 너는 체스트넛 나무를 불에서 꺼내게 하는 것을 좋아한다. 그런 경우라면 나를 결혼시켜라.
_ 이반 투르게네프, 《사냥꾼의 수기 The Hunting Sketches》

성의 영속성과, 노예와 주인의 영속성은 같은 믿음에 기인한다. 주인이 없으면 노예가 없는 것처럼, 남성이 없으면 여성도 없다. 성차라는 이데올로기는 여성과 남성의 사회적 위치를 가장함으로써 우리 문화에서 자연에 기반한 검열의 일종으로 기능한다. 남성적인/여성적인, 남성/여성은, 사회적 차이가 항상 정치, 경제, 이데올로기적 질서에 속한다는 사실을 가리기 위해 동원되는 범주다. 모든 지배 시스템은 물질적인 것과 경제적인 것을 분할한다. 더구나 그 분할은 추상적이고 '주인'의 개념으로 바뀐다. 그리고 후에 노예들이 저항하며 싸우기 시작할 때 사용된다. 주인은 만들어진 분할을 자연적 차이의 결과라고 설명하고 정당화한다. 노예들이 저항하고 싸우기 시작할 때, 소위 자연적 차이에서 사회적 반대를 읽어 낸다.

그러므로 성(sex)은 없다. 억압받는, 그리고 억압하는 성이 있을 뿐이다. 성을 생산하는 것은 억압이며, 그 반대가 아니다. 반대편은 성이 억압을 생산한다고 말할 것이다. 혹은 억압의 원인(기원)은 성 그 자체에서 발견된다고 말할 것이다. 이미 존재하는 사회에서(혹은 사회 바깥에서) 성은 자연적인 분할이다.

차이의 최고 단계에서는 성을 구성하는 토대를 자세하게 이해해야 함에도 불구하고, 차이 자체에 대해 질문하는 것을 막는 식으로 사회는 우리의 사고를 구성한다. 변증법적 용어로 차이를 이해하는 것은 풀어야 할 모순되는 말을 가시화하는 것이다. 변증법적 유물론의 용어로 사회 현실을 이해하는 것은 계급 사이의 위치를 이해하는 것이고 계급을 같은 연결 (copula, 사회 질서의 갈등) 아래에서 만나게 하는 것이다. 그리고 그것은 또한 분명한 모순의 해결책(사회 질서의 제거)이다.

계급투쟁은 계급을 구성하고 폭로하면서 동시에 계급을 제거함으로써 두 개의 억압된 계급 사이의 모순을 해결한다. 모든 여성이 경험하는 여성과 남성 사이의 계급투쟁은 성별 사이의 모순을 해결하고 제거하는 동시에 이해되게 한다. 우리는 모순이 항상 물질적 질서에 속한다는 것을 알아야 한다. 갈등(혁명, 투쟁) 이전에 반대 범주는 없다는 것이 중요하다. 차이가 있을 뿐이다. 대립의 폭력적 현실과 차이의 정치적 질서는 투쟁이 발생하고 나서야 비로소 선언이 된다. 대립(차이들)이 기존에 주어진 것으로 나타나면, "자연적인" 갈등이나 투쟁이 없다면, 변증법도, 변화도, 운동도 없다.

그리고 진실로, 여성의 투쟁이 없는 한, 남성과 여성 사이의 갈등은 없다. 예상되는 비율에 따르면, 재생산 신체 노동까지 더해서 사회적 일(사적 영역뿐 아니라 공적 영역)의 4분의 3을 수행하는 것은 여성의 운명이다. 살해당하고, 절단당하고, 물리적으로 정신적으로 고문당하고 학대당하고, 강간당하고, 얻어맞고, 결혼을 강요당하는 것이 여성의 운명이다. 운명은 아마도 변하지 않을 것이다. 여성은 자신들이 남성에게 완전히 지배당하고 있다는 것을 모른다. 마침내 그 사실을 인정했을 때 여성들은 그 사실을 "믿지 못한다." 그리고 종종 그 날것의 잔인한 현실 앞에서 마지막 의지를 다해 모든 지식을 총동원해서 남성이 여성을 지배하고 있다고 "믿는 것"을 거부한다(억압은 억압하는 자보다 억압당하는 자에게 훨씬 더 끔찍한 것이다). 반면 남성은 자신들이 여성을 지배하고 있다는 것(앙드레 브르통이 말하길, "우리는 여성의 주인이다."[2])을 잘 알고 있다. 그리고 지배하도록 훈련되었다. 남성은 그 사실을 항상 표현할 필요가 없다. 인간은 자신이 소유한 것에 대한 지배를 거의 이야기하지 않기 때문이다.

이러한 상황을 뒤집는 것을 왜 거부하는가? 이 생각은 애초에 성별을 구성한 것이 무엇인지는 묻지 않는다. 이는 지배적인 생각이다. 이런 생각은 성별이 "이미 거기에" 있다고 승인한다. 모든 사유 전에, 모든 사회 전에 있는 것으로 여겨지는 무엇. 이는 여성을 지배하는 자들의 사유다.

---

2 André Breton, *Le Premier Manifeste du surréalisme*, 1924.

지배계급의 생각은 모든 시대에 지배적인 생각이다. 예를 들어 사회의 물질적 힘을 지배하는 계급은 동시에 정신적인 힘도 지배한다. 물질적 생산 수단을 가진 계급은 동시에 정신적 생산 수단을 통제한다. 그에 따라 일반적으로 말하면, 정신적 생산 수단이 없는 자들의 생각은 거기에 종속된다. 지배적 생각은 지배적인 물질적 관계의 이상적 표현에 지나지 않는다. 지배적인 물질적 관계는 아이디어를 획득한다. 그러므로 지배계급을 만들어 내는 관계들은 그 지배의 아이디어다.

_마르크스·엥겔스,《독일 이데올로기》

차이의 최고 단계에 근거한 이 생각은 지배의 사유다.

지배는 여성에게 데이터를, 기정사실을, 선재하는 것을 제공한다. 질문해야 하는 것은, 지배가 어디에나 영향을 미치는 촘촘한 네트워크—우리의 생각, 우리의 제스처, 우리의 행동, 우리의 일, 우리의 감정, 우리의 관계 등 커다란 정치적 구성물—를 형성하느냐는 것이다.

그렇다. 지배는 우리에게 모든 방향을 지시한다.

– 모든 사유가 있기 전에 모든 사회에서 존재론적 결과들을

가진 구성적 차이가 있는 "성"(개인이 타고나는 두 개의 범주)이
있다. (형이상학적 접근)

- 모든 사유, 모든 사회 질서 전에 사회학적인 결과를 갖는 "자
연적인" 혹은 "생물학적인" 혹은 "호르몬적인" 혹은 "유전적
인" 차이가 있는 "성"이 있다. (과학적인 접근)

- 모든 사유, 모든 사회 질서 전에, "가정 내 자연적인 분업",
"본래는 성행위에서 분업일 뿐이었던 분업"이 있다. (마르크스
주의적 접근)

어떤 접근 방식이든 간에, 그 아이디어는 기본적으로 같다.
구성적 차이에도 불구하고 성은 반드시 범주에서 범주로의 관
계를 발전시켜야만 한다. 자연적 질서에 따라서, 이 관계는 사
회적 관계라고 불릴 수 없다. (아담의 갈비뼈 혹은 아담이다. 이브
는 아담의 갈비뼈이다.) 일반 상식을 포함한 모든 담론에 스며든
이 생각은 지배의 생각이다. 이 담론의 몸체는 항상 사회 현실
의 모든 단계를 강화하고 있으며 한 성에 의한 다른 성의 예속
이라는 정치적 사실, 범주 자체(문명 상태에서 사회적 존재의 첫 번
째 정의를 형성하는)의 강압적 성격을 가린다. 성 범주는 사회가
있기 전에 선험적으로 존재하지 않는다. 그리고 지배의 범주로

서 성은 자연적 지배의 생산물이 아니라 남성이 여성을 사회적으로 지배해서 만들어진 생산물이다. 그러므로 사회적 지배가 있을 뿐이다.

성 범주는 사회를 이성애적으로 설립하는 정치적 범주다. 그래서 이것은 항상 논의될 때마다 혼동됨에도 불구하고, 존재 문제가 아니라 관계(여성과 남성에게 관계의 결과물) 문제다. 성 범주는 (이성애적) 사회의 토대에 있는 관계를 '자연적'이라고 판정하고, 그것을 통해서 인구의 절반인 여성을 "이성애화한다."(여성 만들기는 거세된 자 만들기, 노예와 동물의 번식 같은 것이다.) 그리고 여성은 이성애적 경제에 굴복한다. 성 범주는 여성에게 '종'의 재생산이라는 엄격한 의무를 부과하는, 그리고 이성애 사회를 재생산하는 이성애 사회의 산물이다.

여성에 의한 강압적 '종'의 재생산은 이성애가 경제적으로 기반한 착취 시스템이다. 재생산은 근본적으로 여성의 노동이자 생산이다. 그리고 그것을 통해 남성은 여성이 하는 일을 전유한다. 여기서 우리는 '자연에 의해' 재생산과 연결되는 일에 아이의 양육과 가사의 전유도 포함시켜야 한다. 이 노동의 전유는 노동계급의 일이 지배계급에게 전유되는 것과 같은 방식으로 영향을 미친다. 여성의 재생산과 노동계급의 재생산 중 하나는 '자연적'이고 다른 하나는 사회적이라고 말할 수 없다. 여성이 전(前) 사회, 그리고 모든 사회에서 이 재생산 의무에 종속되어 있다는 논쟁은 오직 이론적이고, 이데올로기적인 억압의 정당화이다. 그러나 우리가 일, 사회적 생산, 착취의 맥락 바깥에 대해 아는 것이 없는 것처럼, 우리는 착취의 맥락 바깥에서 이루어지는 사회의 재생산에 대해 알지 못한다.

성 범주는 남성이 여성의 재생산과 생산을, 결혼 계약으로 실제 여성 개인을 전유하는 이성애 사회의 생산물이다. 이 계약을 고용주와 노동자를 묶는 계약과 비교해 보자. 여성을 남성에게 묶는 계약은 원칙적으로 평생 계약이다. 그리고 법만이 계약을 해지할 수 있다. (이혼) 이것은 여성을 무급 노동을 포함한 특정한 의무에 배당한다. 노동(집안일, 양육)과 의무(남편의 이름으로 재생산의 양도, 밤낮 함께 사는 것, 강압적인 섹스, "부부 거주지의 양도"라는 법적 개념에 함축된 거주지 배치)는 실제 여성 개인을 남편에게 양도하는 것을 의미한다. 여성이 남편에게 달려 있다는 것은 경찰 정책이 남편이 아내를 때릴 때 개입하지 않는 것을 통해 분명히 알 수 있다. 경찰은 한 시민이 다른 시민을 때릴 때 폭력과 구타 혐의로 개입한다. 그러나 결혼 계약에 서명한 여성은 일반적인 시민(법에 의해 보호받는)이 더는 아니다. 경찰은 가정 내 일(마치 시민들 사이의 일이 아닌 것처럼)에 관여하는 것을 혐오한다. 그것은 남편의 권위와 관계되어 있기 때문에 '국가의 권위'는 직접적으로 관여하지 않는다. 이 권위가 어디까지 적용되는지 보려면 매 맞는 여성을 위한 쉼터에 가면 된다.

성은 여성이 벗어날 수 없는 범주이기 때문에 성 범주는 인구의 절반을 성적 존재로 만드는 이성애 사회의 생산물이다. 어디서 무엇을 하든(공적 영역에서 일하는 것을 포함해서) 여성은 남성에게 성적으로 접근 가능한 것처럼 보여야 하고(만들어져야 하고), 가슴과 엉덩이, 옷은 반드시 가시적으로 드러나야 한다. 여성은 노란별[3]을 달고 늘 밤낮으로 웃어야 한다. 결혼을 했든 안 했든 모든 여성은 강압적인 성적 서비스를 한다. 그 서비스는 군사적인 것에 비교되기도 하고, 하루, 일 년 혹은 25년 이상으로 다양하다. 레즈비언과 수녀들은 탈출한다. 탈출하는 사람들이 증가하고 있지만, 그 수는 매우 적다. 성적 존재로서 여성이 매우 가시적인 반면, 사회적 존재로서 여성은 거의 보이지 않고 거의 드러나지 않는다. 여성이 가시적

---

3 옮긴이 주: 나치가 유대인을 구별하기 위해 달게 했던 '다윗의 별'에 빗대어 표현한 것이다.

인 경우에는 언제나 어떤 이유가 따라다닌다. 언젠가 매우 뛰어난 여성이 사과하는 것을 인터뷰에서 읽은 적이 있다. 그 신문은 오늘까지도 "두 학생과 한 여자", "두 변호사와 한 여자", "세 여행객과 한 여자"가 이러저러한 일을 하는 것으로 보인다고 쓴다. 성 범주는 여성에게 딱 붙어 있기 때문에, 여성은 범주 밖에 있는 것으로 여겨지지 않는다. **여성**은 오직 성, **그** 성이다. 그리고 성이 여성의 마음, 몸, 행동, 제스처를 만든다. 심지어 살인과 구타도 성적이다. 정말로, 성 범주는 여성을 꽉 옭아매고 있다.

성 범주는 전체주의적인 것이라서, 진짜라고 증명하기 위해 심문, 법정, 재판소, 법 자체, 테러, 고문, 절단, 집행, 경찰 등을 갖고 있다. 성은 정신적인 생산도 통제하기 때문에 몸뿐 아니라 마음의 형태도 결정한다. 그것은 우리가 그 바깥을 생각할 수 없게 만드는 방식으로 우리의 마음을 통제한다. 이것이 우리가 성을 반드시 파괴해야만 하는 이유이고, 성을 넘어서 생각하기 시작해야 하는 이유다. 우리가 새롭게 생각하길 원한다면, 우리가 존재하기 시작하기를 원한다면, 우리는 사회적 현실로서 성을 파괴해야만 한다.

성 범주는 여성을 노예로 만드는 범주다. 그리고 그것은 흑인 노예에게 했던 것처럼 인간을 종으로 환원하는 것을 통해 구체적으로 작동한다. 성 범주는 인간 집단 전체가 스크린[4]처럼 통과해야만 하는 부분(인종, 성)을 담당한다. 민간의 문제에서 성뿐만 아니라 인종 역시 "선언되어야만 한다"는 것에 주의하라. 그러나 노예제도의 폐지 때문에 그 '유색'의 '선언'은 이제 차별로 여겨진다. 그러나 여성이 폐지하려고 꿈도 꾸지 않는 '성'의 '선언'은 그렇지 않다. 나는 이제 성의 선언 역시 차별로 여겨야 할 때가 왔다고 말하겠다.[5]

---

4 옮긴이 주 : 인종이나 성별이 가시적으로 드러나기 때문에, 일종의 판단 기준으로 작동한다는 의미에서 '스크린'이란 표현을 쓴 것으로 보인다.

5 섹스의 쾌락은 노예제의 행복만큼이나 이 글의 주제가 아니다.

2

누구도 여성으로 태어나지 않는다
(1981)

여성 억압에 대한 유물론적 페미니스트[1]의 접근은 여성은
'자연적 집단'이라는, 즉 "특정한 인종 집단, 자연적인 것으로
여겨지는 집단, 물리적으로 특정한 몸을 가졌다고 여겨지는
집단"[2]이라는 생각을 파괴한다. 이러한 분석이 아이디어 단계
에서 알아낸 것은, 실천적 단계에서 레즈비언 사회는 바로 그

---

1 Christine Delphy, "Pour un féministme matérialste," *L'Arc* 61(1975). "For a
Materialist Feminism", *Feminist Issues* 1, no. 2(Winter 1981)로 번역되었다.

2 Colette Guillaumin, "Race et Nature: Système des marques, idée de
groupenaturel et rapports sociaux", *Pluriel*, no. 11(1977). "Race and Nature:
The System of Marks, the Idea of a Natural Group and Social Relationships",
Feminist Issues 8, no. 2(Fall 1988)로 번역되었다.

존재 자체로 여성을 '자연적인 집단'으로 구성하는 인공적인 (사회적) 사실을 파괴한다는 것이다. 레즈비언 사회[3]는 여성이 대상이 되는 인간의 분류는 정치적인 것이라고 밝히며, 우리가 이데올로기적으로 '자연적 집단'으로 재발명됐다고 설명한다.

이데올로기는 여성의 마음뿐 아니라 몸을 조정하는 데까지 나아간다. 우리는 우리를 위해 만들어진 자연이라는 **아이디어**에 부합하도록 몸과 마음의 각 부분을 강요당했다. 우리의 변형된 몸을 그들이 '자연'이라고 부를 정도로, 결국에는 억압의 결과로 우리 자신을 '자연'(자연은 겨우 하나의 생각일 뿐이다)으로 여길 정도로 왜곡되었다. 유물론자가 추론을 통해 분석한 것을 레즈비언 사회는 실질적으로 수행한다. '여성'이라는 자연적 집단이 없을 뿐만 아니라(우리 레즈비언이 살아 있는 증거다), '여성'임을 질문하는 개인들도 없다. 우리에게, 시몬 드 보부아르에게, 그것은 신화일 뿐이다. 보부아르는 말했다.

누구도 여자로 태어나지 않는다. 여자가 되는 것이다. 생물학

---

3 나는 사회라는 용어를 확장된 인류학적 의미로 사용한다. 엄격하게 제한하자면, 사회는 사회들을 가리키지 않는다. 레즈비언 사회들은 이성애 사회 시스템에서 완벽하게 자체적으로 존재하지 않는다.

적, 정신분석학적 혹은 경제적 운명이 인간 여성이 이 사회에서 재현되는 형태를 결정짓는 것이 아니다. 남성과 거세된 자 사이를 중재하는 존재, 여성적이라고 기술된 이 존재를 창조하는 것은 문명 그 자체다.[4]

그러나 미국 등지의 페미니스트와 레즈비언 페미니스트들은 여전히 여성 억압의 근본은 역사적일 뿐 아니라 **생물학적**이라고 믿는다. 그들은 심지어 자신들의 근거를 보부아르에게서 찾기도 한다.[5] 거칠고 잔인한 남자들은 사냥을 한 반면 (생물학적인 성향 때문에) 여성은 문명을 만들었다는 모권과 '선사'에 대한 믿음은 지금까지 남성 계급에 의해 생산된 역사 해석을 생물화하는 것과 같은 꼴이다. 그것은 여전히 여성과 남성의 구분을 사회적 사실이 아닌 생물학적 설명에서 찾는 방식이다. 이 방식은 여성 억압에 대한 레즈비언적 접근을 구성할 수 없다. 사회의 토대 혹은 사회의 기원이 이성애에 놓여 있다고 가정하기 때문이다. 모권제는 가부장제보다 덜 이성애적이지 않다. 억압자의 성이 바뀔 뿐이다. 더구나 이 개념은 여전

---

4   시몬 드 보부아르, 《제2의 성》, 조홍식 옮김(을유문화사, 1993).

5   Redstockings, *Feminist Revolution*(New York : Random House, 1978), p. 18.

히 성 범주(여성과 남성)에 갇혀 있는 것은 물론이고, 출산 능력 (생물학)이 여성을 정의한다는 생각에 의존하고 있다. 레즈비언 사회의 실제 사실과 사는 방식은 다름에도 불구하고, "여성과 남성은 다른 종 혹은 인종이다. (이 단어들은 서로 교환 가능하다.) 남성은 생물학적으로 여성보다 열등하다. 남성 폭력은 생물학 적으로 불가피하다…"[6] 등을 승인하는 레즈비언도 있다. 그렇 게 여성과 남성 사이에 '자연적' 구분이 있다고 받아들임으로 써, 우리는 역사를 자연화하고, '남성'과 '여성'은 언제나 존재 해 왔으며, 언제나 존재할 것이라고 가정한다. 우리는 역사를 자연화할 뿐 아니라 결과적으로 우리의 억압을 표현하는 사회 현상을 자연화한다. 그리고 변화를 불가능하게 만든다. 예를 들어, 출산을 강요된 생산으로 보는 대신 '자연적인', '생물학 적인' 과정으로 여기고, 우리 사회에서 출생이 계획된다는 것 (인구 통계)을, 우리 스스로가 아이를 생산하도록 프로그램화되 었다는 것을 잊는다.

그러나 출산은 "전쟁을 제외하고"[7] 죽음의 위협을 선사하는

---

6 Andrea Dworkin, "Biological Superiority : The World's Most Dangerous and Deadly Idea", *Heresies* 6, p. 46.

7 Ti-Grace Atkinson, *Amazon Odyssey*(New York : Links Books, 1974), p. 15.

유일한 사회적 행위다. 그러므로 우리가 "여성의 창조적 행위로서 출산에 대한 일생의 그리고 수백 년간의 헌신을 의지나 충동으로 포기할 수 없다"[8]면, 아이를 생산하는 통제력을 갖는 것은 생산의 물질적 수단에 대한 단순한 통제보다 훨씬 더 많은 것을 의미할 것이다. 여성은 자신에게 주어진 '여성'이라는 정의로부터 스스로를 추출해 내야만 할 것이다.

유물론적 페미니스트의 접근 방식은 억압의 기원, 즉 "여성 신화"[9]에 전유된 의식과 여성의 신체에 대한 유물론적 효과와 선언이 사실 억압자에 의해 고안된 표식(mark)[10]이라는 것을 보여 준다. 그러므로 이 표식은 억압보다 먼저가 아니다. 기요맹은 흑인 노예의 사회경제적 현실 전에는 인종 개념이 적어도 지금의 근대적 의미로는 존재하지 않았다는 것을 보여 주었다. 피부색은 가족의 혈통을 나타낼 뿐이었기 때문이다. 그러나 지금 인종은 섹스와 꼭 마찬가지로 '즉각적으로 주어진', '감각적으로 주어진', '물리적 특성'으로 자연 질서에 속하는 것으로 여겨진다. 그러나 우리가 물리적이고 직접적인 직관

---

8 Dworkin, 앞의 책.

9 Guillaumin, 앞의 책.

10 시몬 드 보부아르, 앞의 책.

이라고 믿는 것은 철학적이고 신화적인 구조물, "상상적인 형태"[11]일 뿐이다. 따라서 물리적 특징이 감지되는 관계의 네트워크를 통해 (그 자체로 중립적이지만 사회 시스템에 의해 규정된 채로) 재해석한다. (그들은 흑인처럼 보인다. 그러므로 그들은 흑인이다. 그들은 여성처럼 보인다. 그러므로 그들은 여성이다. 그러나 그런 식으로 보기 전에, 그들은 먼저 그렇게 만들어져야 했다.)

레즈비언들은 여성 해방 운동 전에 여성이라는 것이 언제나 얼마나 '비자연적이고' 눈을 뗄 수 없으며 완전히 억압적이고 파괴적인 것인지를 기억하고 인정해야만 한다. 이것은 정치적인 제약이었고, 이에 저항하는 자들은 '진짜' 여자가 아니라는 의심을 받았다. 그러나 그때 우리는 자랑스러웠다. 고발 과정에서 승리의 그림자가 이미 드리워져 있었기 때문이다. 여성이 되려면 우리가 '진짜' 무언가가 되어야 한다고 말한다. '여성'이 설명이 필요 없는 것이 아니라는 점을 억압자들이 자인한 셈이다. 동시에 우리는 남자가 되고 싶어 한다는 비난을 당했다. 오늘날 어떤 페미니스트들은 여성 해방 운동의 맥락에서 이 이중 비난을 열정적으로 거론한다. 그리고 또한 그들의 정치

---

11 Guillaumin, 앞의 책.

적 목적이 어딘가 점점 더 '여성적이' 되어 가는 몇몇 레즈비언도 마찬가지다. 그러나 여성이 되지 않는 것이 남성이 되어야만 한다는 의미는 아니다. 게다가 소설가 프루스트가 여/남성이라고 불렀을 법한, 공포를 일으키는 전통적인 예인 완벽한 '부치'는 여성이 되고 싶어 하는 이들과 얼마나 다른가? 트위들덤과 트위들디.[12] 적어도 여성이 남성이 되기를 원하는 것은 자신의 최초의 프로그래밍으로부터 탈출했음을 증명한다. 그러나 온 힘을 다해 원하더라도, 그녀는 남성이 될 수 없다. 남성이 되기 위해 여성은 남성의 외양뿐 아니라 남성의 의식, 즉 그의 생애 주기 동안 적어도 두 '자연적' 노예를 처분할 권리를 가졌다는 의식을 필요로 하기 때문이다. 이것은 불가능하다. 레즈비언 억압 형상은, 여성은 남성에 속하기 때문에 여성은 여성에게 접근할 수 없다는 식으로 형성된다. 그러므로 레즈비언은 무언가 다른 것이, 비여성, 비남성, 사회의 산물이 아닌 것, 자연의 산물이 아닌 것이 되어야만 한다. 사회에는 자연이 없기 때문이다.

---

12 옮긴이 주:《겨울나라의 앨리스》의 등장인물로, 서로 구분할 수 없다는 의미에서 사용되었다.

이성애자 되기(혹은 이성애자로 남기)를 거부하는 것은 의식적으로든 아니든 언제나 남성 혹은 여성이 되는 것을 거부한다는 것을 의미한다. 레즈비언에게 이것은 '여성' 역할을 거부하는 것보다 더 많은 것이다. 이것은 남성의 정치, 경제, 이데올로기적 힘에 대한 거부다. 우리 레즈비언이나 레즈비언이 아닌 사람들도 레즈비언과 페미니스트 운동의 시작 전부터 이를 알고 있었다. 그러나 안드레아 드워킨(Andrea Dworkin)[13]이 강조한 것처럼 많은 레즈비언이 최근 "역동적으로, 종교적으로, 정신적으로 여성의 생물학적 가능성을 축하하도록 노예화된 바로 그 이데올로기를 바꾸기 위해 엄청나게 노력하고 있다."[14] 그러므로 어떤 페미니스트들과 레즈비언 운동은 우리를 남성이 만든 신화로 되돌아가게 해서 자연적 집단으로 떨어지게 한다. 성별 없는 사회[15]를 위한 싸움에 나섰던 우리는 이제 스스로 "여성은 대단하다"는 익숙한 막다른 길에 갇혀 있다는 것

---

13 옮긴이 주: 미국의 급진적 페미니스트로, 반포르노그래피 논쟁으로 잘 알려져 있다. 드워킨은 포르노그래피가 여성에 대한 남성의 지배이자 소유이며, 성폭력을 유발한다고 강력하게 비판했다.

14 Dworkin, 앞의 책.

15 Atkinson, 앞의 책, p. 6: "만약 페미니즘이 논리를 갖고 있다면, 그것은 분명 성별 없는 사회를 위한 것이다."

을 안다. 보부아르는 특히 그 신화(여성은 남성과 다르다)의 특징 중 좋아 보이는 것을 골라서 여성에 대한 정의로 사용하는 잘못된 인식을 강조한다. "여성은 대단하다"는 개념이 성취하는 것은, 억압을 여성의 최고 특징(누구에 따르면 최고인?)으로 유지하면서 여성을 정의하는 일이다. 근본적으로 '남성'과 '여성'의 범주를 질문하지 않는다. 성 범주는 정치적인 범주이지 자연적으로 주어진 것이 아니다. 이는 우리를 다른 계급과 달리 '여성' 계급 안에서 싸우는 위치로 몰아넣는다. 우리 계급이 사라지기 때문이 아니라 '여성'의 옹호와 재강화 때문이다. 이때문에 우리는 우리의 특별함에 관한 '새로운' 이론을 쉽게 개발한다. 우리의 수동성(우리의 공포 혹은 정당화된 것)과 싸우는 일이 핵심적이고 긴급할 때, 우리의 수동성을 '비폭력'이라고 여기게 만든다는 점이다.

'페미니스트'라는 용어의 모호성은 전체 상황을 보여 준다. 페미니스트의 의미가 무엇인가? 페미니스트는 'femme', '여성'이라는 단어로 만들어지고 여성을 위해 싸우는 여성을 의미한다. 우리 다수에게 페미니스트는 하나의 계급으로서 여성을 위해 싸우고, 이 계급을 없애기 위해 싸우는 사람을 의미한다. 다른 많은 사람에게 페미니스트는 여성을 위해, 여성의 신화와 그 강화를 위해 싸우는 사람을 의미한다.

그러나 단어의 의미가 모호하다면, 왜 페미니스트라는 단어를 선택하는가? 우리는 10년 전에도 스스로를 페미니스트라 부르기로 했다. 그러나 여성에 대한 신화를 강화하는 것을 지지하기 위해서나 우리에 대한 억압자의 정의로 정체화하기 위해서가 아니다. 우리 운동은 역사가 있다는 것을 확인하고 오래된 페미니스트 운동과의 정치적 연결 고리를 강조하기 위해서였다.

이것은 페미니즘이 가졌던 의미에 질문을 던지는 운동이다. 지난 세기의 페미니즘은 자연/문화, 여성/사회라는 주제가 가진 모순을 해결할 수 없었다. 여성은 집단으로서 자기 자신을 위해 싸우기 시작했다. 그리고 바로 억압의 결과로서 공통적인 특징을 가지고 있다는 것을 알아챘다. 그러나 그들에게 이러한 특징은 사회적이라기보다 자연적이고 생물학적인 것이었다. 그들은 다윈주의자들의 진화론을 채택하기까지 했다. 그들은 다윈처럼 "여성은 남성보다 덜 진화되었다"고 믿지는 않았다. 하지만 남성과 여성의 본성이 진화 발전 과정에서 분화되었고 사회 전반은 이 양극화를 반영했다"[16]고 진짜로 믿었다. "초기 페미니즘의 실패는 여성을 '독특한' 것으로 본 나머지, 토대는 받아들이면서 여성 열등성에 대한 다원주의자들의 책임만을 공격한 데 있다."[17] 그리고 마침내 페미니스트들이 아니라 여성 학자들이 과학적으로 이 이론을 타파했다.

그러나 초기 페미니스트들은 역사를 이해관계가 갈등하는 것에서 발전하는 역동적인 과정으로 사고하는 데 실패했다. 더구나 그들은 여전히 남자들처럼 억압의 원인(기원)이 자신들 안에 있다고 믿었다. 그러므로 몇몇 놀라운 승리 후에 이 1세대 페미니즘은 그들 스스로 싸울 이유가 부족해지는 교착 상태에 빠졌다. 그들은 지금 다시 태어나고 있는 생각인 '차이의 평등'이라는 비논리적 원칙을 지지했다. 그들은 우리를 위협하는 여성의 신화라는 함정에 다시 빠졌다.

그러므로 우리의 역사적 임무는, 그리고 우리만의 임무는, 우리가 유물론적 용어로 억압이라 불렀던 것을 정의하고, 여성이 계급임을 증명하는 것이다. 그리고 '여성' 범주가 '남성' 범주만큼이나 정치적이고 경제적인 범주이며 영구적이지 않다고 말하는 것이다. 우리 싸움의 목표는 제노사이드적인 것을 통

---

16 Rosalind Rosenburg, "In Search of Woman's Nature", *Feminist Studies* 3, no. 1/2(1975), p. 144.

17 위의 학술지, p. 146.

해서가 아니라 정치적인 투쟁을 통해서 계급으로서 남성을 억제하는 것이다. '남성' 계급이 사라진다면, 계급으로서 '여성' 역시 사라질 것이다. 주인 없이는 노예도 없기 때문이다. 우리의 첫 번째 임무는 항상 철저하게 '여성'(우리가 그 안에서 싸우고 있는 계급)과 '여성' 신화를 분리시키는 것이다. '여성'은 우리를 위해 존재하지 않기 때문이다. 여성이 사회적 관계의 생산물인 반면, '여성'은 상상적인 형태일 뿐이다. 우리가 '**여성** 해방운동'이라고 불리기를 거부했을 때는 어디에서나 이것을 강하게 느꼈다. 더구나 우리는 우리 자신의 안팎으로 신화를 파괴해야만 한다. '여성'은 우리 각자가 아니라 '여성'(착취 관계의 산물)을 부정하는 정치적이고 이데올로기적인 형태다. '여성'은 우리를 헷갈리게 하고 '여성들'의 현실을 숨긴다. 우리가 계급이라는 것을 인식하고, 계급이 되기 위해서, 우리는 가장 강력하게 유혹적인 측면(나는 버지니아 울프가 여성 작가의 첫 번째 임무는 "집 안의 천사"를 죽이는 것이라던 말을 생각한다)을 포함해서 '여성' 신화를 없애야 한다.

그러나 계급이 되기 위해서 우리 개인을 억압할 필요는 없다. 그리고 개인이 그녀/그의 억압으로 환원되는 것이 아니기 때문에 우리는 역사의 개별적인 주체로서 스스로를 구성할 역사적 필요와도 직면한다. 나는 이것이 여성을 '새롭게' 정의하려는 시도들이 지금 활발해진 이유라고 생각한다. (물론 여성만을 위해서가 아니라) 계급에 대한 정의뿐만 아니라 개인에 대한 정의 역시 중요하다. 한번이라도 억압을 받았던 사람이라면, 우리가 스스로를 (억압 대상과 반대인) 주체로 구성할 수 있다는 것을 알고, 경험할 필요가 있다. 그리고 우리는 억압에도 불구하고 무언가가 될 수 있으며, 자신만의 정체성을 가질 수 있다. 정체성을 박탈당한 사람에게 가능한 싸움은 없다. 싸울 내부적 동인도 없다. 내가 다른 사람들과 함께 싸울 수밖에 없더라도, 우선 나는 나 자신을 위해서 싸울 것이기 때문이다.

개별 주체의 문제는 역사적으로 모두에게 어려운 문제다. 유물론의 마지막 아바타인 마르크스주의, 정치적으로 우리를 형성했던 그 과학은 '주체'에 대해서 어떤 것도 듣고 싶어 하지 않았다. 마르크스주의는 초월적인 주체, 지식의 구성체로서 주체, '순수한' 의식을 거부했다. 모든 실험 전에, 모든 생각 그 자체가 역사의 쓰레기통으로 던져졌다. 왜냐하면 주체는 물질 밖에, 물질 전에 존재한다고 주장했기 때문이다. 또한 그런 식으로 존재하기 위해서 신을, 영혼을 혹은 혼을 필요로 했기 때문이다. 이것이 '관념론'이라고 불리는 것이다. 개인은 사회적 관계의 산물일 뿐이다. 그러므로 그들의 의식은 오직 "소외될" 수 있을 뿐이다.[18] (마르크스는 《독일 이데올로기》에서 정확하게 말한다. 비록 그들이 억압된 계급을 소외시킨다는 생각의 직접적 생산자임에도 불구하고, 지배계급의 개인들 또한 소외되어 있다고 말한다. 그러나 이들은 자신의 소외로부터 가시적 이득을 얻을 수 있으므로 큰 고통을 받지 않고 참아 낼 수 있다.) 계급의식 같은 것이 있다. 그러나 계급의식은 같은 계급의 사람들과 모든 것을 공유하고, 착취의 일반적 조건에 동시에 참여하는 것을 제외하고는 특정한 주체를 지칭하지는 않는다. 우리가 마주칠 수 있는 실질적 계급 문제(전통적으로 정의된 계급 문제가 아닌, 예를 들어, 성적인 문제)들은 계급투쟁의 최종 승리와 함께 사라질 '부르주아' 문제로 간주된다. '개인적인', '주관주의자', '쁘띠 부르주아'는 '계급투쟁' 자체로 환원할 수 없는 문제를 거론한 사람들에게 주어지는 표지(label)다.

그러므로 마르크스주의는 억압받는 계급의 구성원에게 주체라는 속성을 부인했다. 이 "혁명적인 과학"은 이데올로기적이고 정치적인 힘을 발휘해서 즉각적으로 노동자 운동과 다른

---

18 옮긴이 주: 주체는 사회적 관계에서 생겨나는데, 관념론에서는 사회적 관계 전에 주체가 존재한다고 설명하기 때문에 그 관계로부터 소외될 수밖에 없다.

정치적인 집단에 대해 실험했다. 그렇게 함으로써, 마르크스주의는 모든 범주의 억압받는 사람들이 그들 스스로 역사적으로 주체로서 (예를 들면 그들의 투쟁의 주체) 구성하지 못하게 했다. 이것은 '대중'은 스스로를 위해서 싸우지 않지만 정당이나 그 조직을 위해서는 싸운다는 것을 의미한다. 그리고 경제적인 변형이 발생했을 때(사유재산의 종말, 사회주의 국가의 건설), 새로운 사회 안에서 혁명적인 변화는 일어나지 않았다. 사람들은 스스로는 변하지 않았기 때문이다.

여성에게 마르크스주의는 두 가지 결과를 보여 준다. 마르크스주의는 마르크스주의자에게 의심할 바 없이 유일한 것인 어머니와 자식의 관계와 더불어, '여성/남성' 관계를 사회 질서 바깥에 남겨 두고 자연적 관계[19]로 바꿈으로써, 자연적인 분업 뒤로 남성과 여성 사이의 계급 갈등을 숨김으로써(《독일 이데올로기》) 여성들이 스스로를 계급이라고 인식하는 것을, 그러므로 오랫동안 스스로를 계급으로 구성하는 것을 막았다. 이것은 이론적인(이데올로기적인) 층위와 관련된다. 실용적인 층위

---

19 옮긴이 주: 위티그는 사회 질서 대 자연의 이항 대립이 성립하지 않는다는 점을 강조한다. 성은 자연적인 것처럼 말하지만, 사실은 사회적인 것이라는 게 위티그의 입장이다.

에서, 레닌·당·모든 급진적 정치 집단을 포함해서 모든 공산주의 당은 지금까지 언제나 여성이 자기 계급의 문제에 기반한 집단을 반영하거나 형성하려고 시도할 때마다 불화라는 혐의로 반응해 왔다. 여성이 뭉침으로써, 민중의 힘을 분리한다는 것이다. 이것은 마르크스주의자에게 여성은 부르주아 계급 혹은 프롤레타리아 계급에 속한다는 것을, 즉 이들 계급의 남자들에게 속한다는 것을 의미한다. 게다가 마르크스주의적 이론은 여성이 다른 억압받는 계급 이상으로 역사적인 주체로서 스스로를 구성하는 것을 허락하지 않는다. 왜냐하면 마르크스주의는 계급 역시 한 명 한 명의 개인들로 구성된다는 것을 받아들이지 않기 때문이다. 계급의식은 충분하지 않다. 우리는 철학적으로(정치적으로) '주체'와 '계급의식'의 개념을 이해하려고 노력해야 한다. 그리고 그것들이 우리 역사에서 어떻게 작동해 왔는지를 이해해야만 한다.

우리가 여성은 억압과 전유의 대상이라는 것을 발견했을 때 바로 그 순간에 우리는 추상화의 작동을 통해 인식할 수 있는 주체라는 의미에서 주체가 된다. 억압에 대한 인식은 억압에 대한 반응(대항해서 싸우는)일 뿐만 아니라 사회와 세계의 개념을 전체적으로 재평가하고, 억압의 관점에서부터 새로운 개념을 만들어 내 전체를 재조직화하는 것이기도 하다. 나는 이것을 억압받는 자에 의해 만들어진 억압의 과학이라고 부른다. 현실을 이해하는 작업은 우리 모두가 수행해야만 한다. 이것을 주체적인, 인식적인 실천이라고 부르자. 현실 층위 사이를 오가는 운동(억압의 개념적 현실과 물질적 현실은 둘 다 사회적 현실들이다)은 언어를 통해 완수된다.

유물론적 용어로 개별 주체를 정의하는 역사적인 임무를 수행해야 하는 것은 바로 우리다. 유물론과 주체성은 언제나 상호 배타적이었기 때문에, 이 임무는 불가능한 것처럼 보인다. 그런데도 이해를 포기하는 대신에 우리는 다수가 '여성' 신화(우리를 지탱하는 덫일 뿐인 여성이라는 신화)를 포기함으로써 주체성에 도달해야만 하는 필요를 인식해야 한다. 모두가 계급의 구성원으로서뿐 아니라 개인으로서 존재해야 하는 실질적 필요성은 혁명 성취의 첫 번째 조건일 것이다. 그것이 없이는, 진짜 싸움 혹은 변화는 없다.

그러나 반대 역시 진짜다. 계급과 계급의식 없이는, 진짜 주체는 없다. 소외된 개인들만이 있을 뿐이다. 여성이 유물론적 용어로 개별 주체에 대한 질문에 답하기 위해서 첫 번째로 할 일은 레즈비언들과 페미니스트들이 한 것처럼 '주체적인', '개별적인', '사적인' 문제가 실제로는 사회적인 문제, 계급 문제라는 것을 보여 주는 것이다. 섹슈얼리티는 여성 개인이나 주체의 표현을 위한 것이 아니라 폭력의 사회적 제도라는 것을 이해하는 것이다. 그러나 우리가 일단 소위 모든 사적인 문제가 계급 문제라는 것을 보여 주더라도, 우리에게는 여전히 개별 여성 주체의 문제가 남는다. 신화가 아니라 우리 각자. 이 지점에서 인류를 위한 새롭고 개인적이며 주체적인 정의가 성 범주(여성과 남성)를 넘어서만 발견될 수 있다고 해 보자. 그리고 개별적인 주체의 등장은 성 범주를 파괴하는 것, 성 범주의 사용을 중지하고, 그 범주를 그들의 토대로 사용하는 모든 과학(실질적으로 모든 사회과학)을 거부하는 것부터 요청한다.

'여성'을 파괴하는 것은 우리가 (물리적 파괴가 아니라) 성 범주와 동시에 레즈비어니즘을 파괴하려 한다는 의미가 아니다. 왜냐하면 레즈비어니즘은 당시에 우리가 자유롭게 살 수 있는 유일한 사회적 형태를 제공하기 때문이다. 내가 알기로 레즈비언은 성 범주(여성과 남성)를 넘어서는 유일한 개념이다. 왜냐하면 지시된 주체(레즈비언)는 경제적으로나 정치적 혹은 이데올로기적으로 여성이 아니기 때문이다. 여성을 만드는 것은 남성에 대한 특정한 사회적 관계, 우리가 이전에 노예 상태라고 불렀던 관계[20], 경제적 의무뿐만 아니라 개인적이고 물리적 의무를 의미하는 관계("강요된 거주지"[21], 가내 강제 노역, 부부 관계의 의무, 제한 없는 아이의 생산 등), 레즈비언들이 이성애자가 되거나 이성애자로 남는 것을 거부함으로써 탈출한 관계다. 우리는 미국의 도망 노예들이 노예제도를 탈출해서 자유롭게 된 것과 같은 방식으로, 우리 계급으로부터 탈출한 자들이다. 우리에게는 이것이 절대적으로 필요하다. 우리의 생존을 위해 우리의 모든 힘을 남성이 여성을 전유하는 여성 계급의 파괴에 기여해야 한다. 이것은 남성에 의한 여성 억압의 토대가 되고, 성별 사이에서 차이의 독트린을 생산하는 사회적 제도인 이성애를 파괴함으로써만 완수될 수 있다.

---

20 원래 제목이 〈여성 해방 운동을 위한 전투〉였던 *L'Idiot International* 6(1970년 5월)에 발표된 글에서.

21 Christiane Rochefort, *Les stances à Sophie*(Paris : Grasset, 1963).

3

이성애적 사유[1]
(1980)

---

1   이 글은 1978년 뉴욕에서 열린 근대언어협회(the Modern Language Association)
    에서 처음 발표되었으며, 미국 레즈비언들에게 헌정되었다.

최근 파리에서 현상으로서 언어는 근대 이론 시스템과 사회 과학을 점령하고 레즈비언과 여성 해방 운동의 정치적 토론으로 진입했다. 사회 현실과 상시적으로 조응하는 언어의 다양성으로 인해, 언어의 실행은 힘이나 힘의 네트워크라는 중요한 정치적 장이 관련되기 때문이다. 언어가 정치적 이해관계만큼 중요하다는 것은 최근에야 인식되었다.[2] 그러나 이 과학들이 활용하고 있는 언어학의 거대한 발전, 언어학파의 다양화, 의사소통학의 도래 그리고 메타언어의 세부 조항 등은 정치적

---

2   그러나 고대 그리스인들은 수사학에 통달하지 않고는 정치적 힘이 없다는 것을 알고 있었다. 특히 민주주의에서 그렇다.

중요성의 징후를 재현한다. 언어의 과학은 레비스트로스의 인류학, 라캉의 정신분석학 그리고 구조주의 토대로부터 발전한 모든 분과학문 같은 다른 과학을 침공했다.

롤랑 바르트의 초기 기호학은 언어학의 지배로부터 거의 벗어났다. 기호의 차이 시스템에 대한 정치적 분석이 되기 위해, 이것 아니면 저것이라는 기호 시스템을 만들기 위해서다. 예를 들어, 쁘띠 부르주아 계급이라는 신화 그리고 이 시스템이 가리곤 하는 자본주의 내에서 계급투쟁 같은 것이다. 우리는 겨우 살아남았다. 정치적 기호학은 우리가 이데올로기라고 불렀던 것을 분석할 때 필요한 무기(방법)이기 때문이다. 그러나 기적은 지속되지 않았다. 마르크스주의적 개념에 새로운 기호학적 개념을 소개하는 대신, 바르트는 재빨리 기호학은 언어학의 분파이고 언어는 그 대상일 뿐이라고 말했다.

그러므로 전체 세계는 오직 가장 다양한 언어들, 무의식[3]의 언어, 패션의 언어, 인간이 문자 그대로 기호를 소통하는 데 쓰였던 여성교환의 언어 등이 스스로를 기록하는 거대한 등록소가 될 뿐이다. 이 언어들 혹은 차라리 이 담론들은 서로 맞아

---

3 이 글에서 라캉의 '무의식' 개념을 쓸 때는 그의 스타일을 따라 대문자로 처리한다.

떨어지고, 서로를 관통하고, 서로를 지원하고, 서로를 강화하고, 스스로를 그리고 서로를 야기한다. 언어학은 기호학과 구조주의 언어학을 초래했고, 구조주의 언어학은 구조주의를 그리고 구조주의적 무의식을 초래했다. 이 담론들이 종합된 결과, 억압받는 자들은 혼란스러워하고, 억압의 유물론적 원인을 보지 못하고, 역사 없는 진공 상태에 떨어지게 된다.

이 담론들은 유전적으로 프로그램화되어 있기 때문에, 변함없는 것으로 주어진, 역사에 의해 구속되지 않는, 그리고 계급 갈등에 의해 작동하지 않는 동일한 정신을 가진 인간이라는 사회 현실에 대한 과학적 독해를 생산한다. 역사에 의해 구속되지 않고 계급 갈등에 의해 작동하지 않는 이 정신은 20세기 초부터 전문가를, 변하지 않는 것의 무기고 전체를 제공한다. 숫자(0-9) 같은 아주 소수의 요소에 득이 되는 상징적 언어, 마음에 의해 "무의식적으로" 생산된 상징은 그리 많지 않다. 그러므로 이 상징은 테라피와 이론화를 통해 집합적이고 개별적인 무의식을 고안하기 쉽다. 우리는 완벽하게 좋은 취향을 가진 무의식은 아버지의 이름, 오이디푸스 콤플렉스, 거세, 아버지의 살해 혹은 죽음, 여성교환 등 비유를 통해 생겨난다고 배웠다. 그러나 무의식이 통제하기 쉽다고 해서 아무나 할 수 있는 것은 아니다. 신비스러운 계시와 비슷하게, 사유에 있어 상징의 유령은 다양한 해석을 요구한다. 전문가만이 무의식을 해독할 수 있다. 오직 그들, 정신분석학자만이 전체 의미에서 상징을 나타내는 마음의 선언을 조직하고 해석하도록 허락되었다(권위를 인정받았다?). 그리고 상징 언어가 극단적으로 부족하고 근본적으로 작은 구멍인 데 반해, 그것을 해석하는 언어 혹은 메타언어는 자신들 각자를 풍성하게 보여 주면서 발전하고 있다. 오직 성경의 이론적 주해만이 동등할 뿐이다.

누가 정신분석학자들에게 지식을 주었는가? 예를 들어, 라캉이 '정신분석학 담론' 혹은 '분석적 경험'이라 부른 것은 모두 그가 이미 알고 있는 것을 '가르친다.' 그리고 각각은 다른 하나가 그에게 가르쳤던 것을 가르친다. 그러나 우리는 라캉이 '분석 경험'(일종의 실험)을 통해 과학적으로 발견한 것, 무의식의 구조를 부정할 수 있는가? 우리가 소파에 기댄 채 정신분석당한 사람들의 담론을 버릴 만큼 무책임할 것인가? 라캉이 무의식에서 (그가 거기서 발견했다고 말했던) 구조를 찾았다는 것은 분명하다. 그가 이전에 거기에 놓았기 때문이다. 정신분석학 제도의 힘에 빠지지 않았던 사람들은 정신분석된 담론이 보여 주는 억압(혹은 조정) 정도에 따라서는 측정할 수 없는 슬픔을 경험했다. 분석 경험에는 억압받는, 정신분석된, 의사소통에 대한 욕구가 착취되는 것밖에 (마녀가 고문당하면서 심문자들이 듣고 싶어 하는 말을 할 수밖에 없는) 다른 선택이 없는 사람이 있다. 그녀 혹은 그가 그녀/그가 의사소통하도록 하고 그녀/그에게 필요한 암시적 계약을 파괴하지 않기를 원한다면 말이다. 그들은 이 계약이 평생 지속될 것이라고 말한다. 그 계약은 직접적 책임이 있는 억압자에게, 그녀/그를 정치·경제·이데올로기적으로 착취하는 사람에게, 그리고 이 비참함을 몇 가지 이야기 형태로 축소해서 해석해 버리는 사람에게, 그녀/그의 비참함을 전시하도록 강요하는 잔인한 계약이다.

그러나 이 계약에 내재된 소통하려는 필요성이 정신분석적 상황에서만 충족되는가? 치료되고, '실험되는'? 레즈비언, 페미니스트, 게이의 최근 증언들을 보면[4], 그렇지 않다. 그들의 증언은 모두 정신분석이 아니라 레즈비언, 페미니스트, 게이 남성이 이성애 사회에서 소통하려고 시도할 때 직면하는 불가능성이 가진 정치적 중요성을 강조한다. 사물의 일반적 상태가 이해될 때(아프거나 치료되지 않고, 적이 있을 때), 그 결과 억압받

---

4 예로 Karla Jay와 Allen Young이 편집한 *Out of the Closets*(New York : Links Books, 1972)를 보라.

는 사람은 정신분석적 계약을 깨트린다. 그러므로 그 증언들은 정신분석 계약이 동의된 계약이 아니라 강요된 계약이라는 것을 나타낸다.

특히 레즈비언, 여성, 게이 남성, 우리 모두를 억압하는 담론은 사회가 이성애[5]적이라는 것을 당연시한다. 이 담론들은 우리에 대해 말하면서 비정치적인 장에서 진실을 말한다고 주장한다. 마치 역사의 이 순간에 정치적이지 않은 무언가가 그리고 정치적으로 중요하지 않은 기호들이 존재할 수 있는 것처럼 말이다. 이성애 담론은 우리가 그들의 용어를 말해야만 말할 수 있다는 선에서, 우리를 억압한다. 이성애 담론을 의심하는 것은 즉시 초보적인 것으로 무시당한다. 정신분석 해석의 전체화를 거부하면, 이론가들은 우리가 상징적 차원을 무시한다고 말한다. 이 담론은 우리가 우리만의 새 범주를 만들어 낼 가능성을 부인한다. 그러나 그들의 가장 흉포한 행위는 그들이 우리의 육체, 정신에 가하는 끊임없는 독재다.

'이데올로기'라는 용어를 모든 지배적 집단 담론을 지적하는 데 너무 많이 활용하면서, 우리는 비현실적인 생각들(Irreal

---

5 이성애: 1911년 프랑스어에서 처음 사용된 단어.

Ideas)의 영역으로 이 지배적 집단 담론을 격하시켰다. 우리는 억압받는 사람들에게 담론이 직접 행하는 물질적(물리적) 폭력을, 대중매체 담론만이 아니라 추상적이고 '과학적인' 담론들에 의해서 생산된 폭력을 잊었다. 나는 담론이 개인을 유물론적으로 억압한다고 주장할 것이다. 그리고 포르노그래피의 예를 통해 그 즉각적 영향을 강조할 것이다.

포르노그래피적인 이미지, 영화, 잡지 사진, 도시의 벽에 붙어 있는 포스터들은 담론을 구성한다. 그리고 이 담론은 우리 세계를 기호로 덮고, 의미를 갖는다. 이것은 여성은 지배받고 있다는 것을 상징한다. 기호학자들은 담론의 체계를 해석하고 그 배치를 기술할 수 있다. 그들이 담론에서 읽는 것은 그 기능이 의미화되지 않는 기호들과 특정한 시스템 혹은 배치 요소를 제외하고는 존재의 이유가 없는 기호들이다. 그러나 우리에게 이 담론은 기호학자들에게서처럼 분리되지 않는다. 그것은 우리의 억압(정치, 경제적으로)인 사회 현실과 매우 밀접한 관계를 유지할 뿐 아니라 억압의 한 측면이고, 우리에게 특정한 힘도 행사한다. 그렇기 때문에 그 자체로 실질적이다.

포르노그래피 담론은 우리에게 실험되고 있는 폭력 전략이다. 포르노그래피는 우리를 모욕하고, 우리의 가치를 떨어뜨리는 우리의 '인간성'에 대한 범죄다. 괴롭힘 전략으로서, 이것은 또 다른 기능, 즉 경고 기능을 발휘한다. 이것은 우리가 선을 지키도록 한다. 그리고 자신이 선을 밟았다는 것을 잊는 사람들을 감시하고 공포를 부른다. 앞서 언급한 기호학의 전문가들은 우리가 포르노그래피에 대항해서 이야기할 때 현실과 담론을 헷갈리고 있다고 비난한다. 그들은 담론이 우리에게는 현실이라는 것을, 우리가 받는 억압의 한 측면이라는 것을 모른다. 그들은 우리가 분석 단위에서 착각하고 있다고 믿는다.

나는 포르노그래피 담론이 가장 징후적인 데다, 사회 전반에서뿐만 아니라 담론을 통해 우리에게 행해지는 폭력을 잘 보여 준다고 생각해서 예시로 선택했다. 과학과 이론을 생산하는 담론이 추상적이라고 할지라도 그 담론이 물질적이고 실질적으로 우리 몸과 마음에 행하는 권력에는 추상적인 것이 없다. 그것은 지배의 한 형태이며, 바로 그 표현이다. 나는 차라리 그 실행이라고 말하겠다. 억압된 자들은 모두 이 힘을 알고 있으며, 그것에 대처해야만 한다. 이렇게 말하는 것들에 대해서 말이다. 너의 담론이 과학적이거나 이론적이지 않기 때문에 너는 말할 권리가 없다. 너는 분석 단계에서 틀렸다. 너는 담론과 현실을 착각하고 있다. 너의 담론은 순진하다. 너는 과학을 오해하고 있다.

현대 이론 시스템과 사회과학의 담론이 우리에게 힘을 가한다면, 그것은 우리 가까이에 있는 개념이기 때문이다. 레즈비언, 페미니스트 그리고 게이 해방 운동은 전개되면서 이미 철학적이고 정치적인 사회과학 담론의 범주를 혼란시켰다. 그 역사적 도래에도 불구하고, 그들의 범주들(그러므로 잔혹하게 질문에 부쳐진)은 동시대 과학에 의해 검토되지 않은 채 사용되고 있다. 내가 이성애적 사유라고 부를 모든 종류의 담론, 이론 그리고 현재적 생각의 집합체 안에서 그 범주들은 시원적 개념처럼 작동한다. (클로드 레비스트로스의 《야생의 사고》를 보라.) 여기는 '여성', '남성', '성', '차이'와 이러한 표지를 가진 일련의 모든 개념, '역사', '문화' 그리고 '진리' 같은 개념을 포함한다. 그리고 최근 자연은 없으며 모든 것은 문화라고 받아들여졌음에도 불구하고, 여전히 문화 안에는 검토에 저항하는 자연의 핵심이, 분석에서 사회적인 것으로부터 배제된 관계가 남아 있다. 자연에서뿐 아니라 문화에서도 불가항력적인 그 관계는 바로 이성애 관계다. 나는 이것을 '남성'과 '여성' 사이의 의무적 사회관계라고 부를 것이다. [여기서 나는 티 그레이스 앳킨

슨(Ti-Grace Atkinson)[6]과 제도로서 성교에 관한 그녀의 분석을 참조한다.][7] 지식으로서, 분명한 원칙으로서, 어느 과학에나 주어진 선험적인 것으로서 불가피한 이성애적 사유는 역사, 사회 현실, 문화, 언어 그리고 모든 주체적인 현상을 전체화하는 해석을 발전시켰다. 나는 이성애적 사유가 자신이 생산하는 개념을 즉각 일반적인 법으로, 모든 사회, 모든 시대, 모든 개인에게 진리라고 주장하는 법으로 보편화하는 억압적 성격을 갖고 있다고 강조할 수 있을 뿐이다. 누군가는 이성애에 기반한 범주 혹은 성별 사이의 차이를 정치적이고 철학적인 도그마로 생산한 사고에 완전한 의미를 부여하면서, 여성교환·성별 사이의 차이·상징 질서·무의식·욕망·주이상스·문화·역사를 이야기한다.

　보편성을 향한 이러한 경향의 결과, 이성애적 사유는 이성애가 모든 인간관계를 지시하지 않는 사회나 문화뿐 아니라 바로 그 인간관계라는 개념의 생산과 의식을 벗어나는 모든 과

6　옮긴이 주: 미국의 급진적 페미니스트. 미국의 레즈비언 권리옹호단체 '블리티스의 딸들(Daughters of Bilitis)'의 멤버였으며, 정치적 레즈비어니즘을 옹호했다. "자매애는 강력하다. 주로 자매들을 죽인다"는 유명한 말을 남겼다.

7　Ti-Grace Atkinson, *Amazon Odyssey*(New York : Links Books, 1974), pp. 13~23.

정도 상상하지 못한다. 추가적으로 이러한 무의식적 과정은 전문가의 도구를 통해 우리 자신에 대해 가르친다는 점에서 역사적으로 더 긴요하다. 무의식을 표현하는(그리고 내가 그 유혹을 간과할 수 없는) 수사는 신화로 스스로를 감싸고 있고, 수수께끼에 의존하고, 비유를 축적하면서 진행한다. 그리고 "너는─이성애자일─것이다. 혹은 너는─이성애자가─아닐─것이다"는 억압을 시적으로 만든다.

이처럼 성교 의무와 그 의무가 사회 구성에 필요한 것으로 생산하는 제도를 거부하는 것은 그야말로 불가능하다. 이는 타자의 구성 가능성을 거부하는 것이고, "상징 질서"를 거부하는 것이기 때문이다. 즉 그 제도 없이는 누구도 내부적 일관성을 유지할 수 없기에 의미 형성이 불가능해지는 것이다. 그러므로 레즈비어니즘, 동성애 그리고 우리가 만든 사회는 실제로 존재하더라도 다른 사람이 생각하거나 말할 수 없다. 이성애적 사유는 계속해서 근친상간을 승인하고, 동성애 금지가 아닌 근친상간 금지를 주로 재현한다. 그러므로 이성애적 사유에서 동성애는 이성애에 다름 아니다.

그렇다. 이성애 사회는 모든 단계에서 차이/타자를 필요로 한다. 이 개념 없이는 경제적으로, 상징적으로, 언어학적으로 혹은 정치적으로 작동하지 않는다. 차이/타자에 대한 필요는 내가 이성애적 사유라고 부르는 과학과 담론 복합체 전체에 존재론적이다. 그러나 지배받는 자가 없다면, 차이/타자는 무엇인가? 이성애 사회에서는 레즈비언이나 게이 남성을 억압할 뿐 아니라 다른 차이/타자들을 억압한다. 모든 여성과 많은 범주의 남성을, 지배받는 위치에 속한 모두를 억압한다. "차이를 구성하고 그것을 통제하는 것은 '권력 행위'다. 그것은 본질적으로 정상적인 행위이기 때문이다. 모두 타자를 다르게 보려고 노력한다. 그러나 모두가 그렇게 하는 데 성공하는 것은 아니다. 누군가는 그것을 계승하기 위해 사회적으로 지배적이어야 한다."[8]

예를 들어, 성차 개념은 존재론적으로 여성을 차이/타자로 구성한다. 남성은 다르지 않다. 백인은 다르지 않다. 주인도 마찬가지다. 그러나 노예와 흑인은 다르다. 이 성차의 존재론적인 특성은 같은 연속체를 구성하는 모든 개념에 영향을 미친다. 그러나 우리에게는 '여자 되기' 혹은 '남자 되기' 같은 것은 없다. '남성'과 '여성'은 반대의 정치적인 개념이다. 그리고

---

8 Claude Faugeron and Philippe Robert, *La Justice et son public et les représentations sociales du système pénal*(Paris : Masson, 1978).

그들을 변증법적으로 통일하는 연결사는 동시에 그들을 제거하는 것이다.[9] 이것이 여성과 남성을 제거하는 여성과 남성 사이의 계급투쟁이다.[10] 차이 개념에는 존재론적인 것이 없다. 그것은 주인이 지배의 역사적 상황을 해석한 방식일 뿐이다. 차이는 이데올로기적인 것을 포함하여 이익 충돌의 모든 단계마다 가면을 씌운다.

즉 더는 여성과 남성이 있을 수 없다. 사유 혹은 언어의 계급과 범주는 정치, 경제, 이데올로기적으로 사라져야 한다. 레즈비언과 게이인 우리 자신을 계속 여성, 남성으로 인지하고 말한다면, 우리는 이성애를 유지하는 도구가 된다. 나는 경제적이고 정치적 변화는 이러한 언어 범주를 탈극화할 것이라고 확신한다. 우리가 **노예**를 구원할 수 있는가? 우리가 **흑인과 흑인 여자아이**를 구원할 수 있는가? **여성**은 어떻게 다른가? 우리는 계속해서 **백인, 주인, 남성**에 대해 쓸 것인가? 경제적 관계의

---

9 "사회적 섹스"에 대한 니콜-클로드 마티외의 정의는 "Notes pour une définition sociologique des catégories de sexe", *Epistémologie Sociologique* 11(1971)을 보라. *Ignored by some, Denied by Others : The Social Sex Category in Sociology*(London : Women's Research and Resources Centre Publications, 1977)로 번역되었고, 이 책 pp. 16~37 참조.

10 같은 식으로 모든 계급투쟁에서 반대 범주는 대립항을 사라지게 만드는 것이 목표인 투쟁에 의해 "봉합되었다."

변화는 충분하지 않을 것이다. 우리는 반드시 핵심 개념에 대한 정치적 변화를 생산해야만 한다. 그리고 그 변화는 우리에게 전략적인 개념이어야 한다. 또 다른 물질성의 질서가 있고 언어는 이러한 전략적 개념들에 의해 작동하기 때문이다. 동시에 이것은 정치적 장에 얽매여 있다. 그리고 거기에서 언어, 과학, 사고와 관련된 모든 것은 개인을 주체(subjectivity)로, 사회에 대한 그녀/그의 관계로 지칭한다. 그리고 우리는 이성애적 사유 혹은 지배적 사고의 힘으로부터 벗어날 수 없다.

이성애적 사유가 생산한 모든 것 중에서 나는 특히 구조적 무의식 모델에 도전한다. 지배받는 자들의 혁명으로 인해 역사적 순간에 사회적 집단의 지배가 더는 논리적으로 필요하지 않을 때, 레비스트로스, 라캉 그리고 그들의 아류는 의식의 통제를 벗어날 필요성과 개인의 책임감을 호출하기 때문이다.

예를 들어, 정신분석학자들은 모든 사회의 필요조건으로 여성교환을 요구하는 무의식적 과정을 소환한다. 무의식이 우리에게 권위 있게 말하는 것은, 상징 질서가 무의식에 달려 있기 때문이다. 상징 질서 없이는 의미도, 언어도, 사회도 없다. 그러나 상징 질서가 무의식에 지배받지 않는다면, 여성이 교환된다는 것은 무엇을 의미하는가? 오직 무의식은 하나이며 이성애라고 해도 놀랍지 않다. 이것은 주인의 이익을 지나치게 의식적으로 살피면서 자신의 개념을 너무 쉽게 포기하는 자들을 위한 무의식이다.[11] 게다가 지배는 부인된다. 여성 노예는 없다. 차이가 있을 뿐이다. 나는 루마니아 소작농이 1848년 공공 회의에서 한 연설로 답할 것이다. "왜 신사들은 노예가 아니었다고 말하는가. 우리는 노예였다는 것을 알고 있는데, 우리가 느낀 이 슬픔을 알고 있는데." 그렇다. 우리는 알고 있다. 그리고 우리는 이 억압 과학을 빼앗기지 않을 것이다.

우리가 "말할 필요도 없이" 이성애적이라는 것을 추적해야만 하는 것은 이 과학에서부터다. 그리고 (초기 롤랑 바르트를 다시 쓰자면) 우리는 "자연과 역사가 매번 혼동하는 것을 보고"[12] 참아선 안 된다. 프로이트 이후 정신분석학, 특히 라캉은 자신들의 개념을 엄격하게 신화로 바꿔 놓았음을 잔인하게 드러내야 한다. 차이, 욕망, 아버지의 이름 등 그들은 심지어 신화를 '과잉 신화화했다.' 그 신화는 지배당하는 개인들, 특히 거의 2세기 전 싸움을 시작했던 여성들을 통해서 역사적 장에 시스

---

11 상징적 정신분석학자들이 1년에 수백만 달러를 버는 것인가?

12 롤랑 바르트, 《현대의 신화》, 이화여자대학교 기호학연구소 옮김(동문선, 1997).

템적으로 갑자기 나타난 개인적 차원을 이성애화하기 위해서
필요했던 작전이다. 그리고 그 신화는 학제 간 연구에서 시스
템적으로 가장 잘 조화를 이루었다. 이성애 신화가 정신분석
학과 모든 사회과학에서처럼 인류학에서도 투자될 수 있는 확
실한 가치처럼 쉽게 하나의 공식적인 시스템에서 다른 시스템
으로 순환하기 시작했기 때문이다.

이성애 신화의 앙상블은 말의 특성을 사용하는 기호 시스템
이다. 그리고 이것은 정치적으로 우리의 억압 과학 안에서 연
구된다. "우리에게 그것은 노예제였다"는 역사의 통시적 연구
법을 고정된 영구적이고 본질적인 담론으로 소개하는 역학이
다. 이 일은 얼마간 정치적 기호학이다. "우리가 느꼈던 이 슬
픔"에도 불구하고 우리는 언어/선언의 단계, 언어/행위의 단
계에서 작업해야 한다. 그리고 그것이 변화와 역사를 만든다.

우리의 행동과 말로 인해 변화가 일어난다. 매우 영구적이
고 보편적으로 보이기 때문에 컴퓨터에 입력되고 무의식의 기
계에 입력된 법이 생겨난 시스템에서 변화가 일어난다. 예를
들어, 여성교환이라는 모델은 역사를 너무 폭력적이고 잔인한
방식으로 완전히 에워싼다. 공식적이라고 여겨지는 전체 시스
템을 지식의 다른 차원으로 넘어뜨리는 방식이다. 이 역사 차

원은 우리에게 속한다. 우리가 임명받은 것이고, 레비스트로스의 말처럼 우리가 이야기한 것이기 때문이다. 우리가 이성애 계약을 깬다고 말하자.

그것이 레즈비언이 이 나라 전역에서 말하는 것이다. 이론이 없다면, 레즈비언의 사회적 실천이 이성애 문화와 사회에 미치는 영향을 여전히 상상할 수 없을 것이다. 인류학자는 이러한 사회 작동을 보편화하고, 레즈비언의 다양성을 나타내려면, 우리가 50년을 기다려야 한다고 말할 수도 있다. 반면 이성애적 관념은 과소평가되었다. 여성은 무엇인가? 공포, 주체적 방어를 위한 일반적 알람. 솔직히 이것은 관점의 변화 때문에 레즈비언에게는 없는 문제다. 사고의 이성애 시스템과 이성애적 경제 시스템에서만 레즈비언은 연합하고, 사랑하고, 여성들과 함께 살고 '여성'을 위해서 의미를 갖는다고 말하는 것은 부정확하다. 레즈비언은 여성이 아니다.

4

사회계약에 대하여

(1989)

나는 정치철학의 개념으로 받아들여진 사회계약의 개념을 측정하고 재평가하는 어려운 임무를 맡았다. 17, 18세기에 생겨난 이 개념은 루소의 책 제목이기도 하다.[1] 마르크스와 엥겔스는 사회계약은 계급투쟁과 관계가 없으며, 프롤레타리아 계급에 대해 신경 쓰지 않는다고 비판했다.《독일 이데올로기》에서 그들은 생산과 노동의 관계 때문에 프롤레타리아 계급만이 사회 질서와 조화롭게 전체적으로 사회계약과 직면할 수 있다고 했다. 그리고 그 상태를 파괴할 수밖에 없다고 했다. 그들

1　장 자크 루소,《사회계약론》, 김영욱 옮김(후마니타스, 2018).

은 '사회계약'이라는 용어는 개인의 선택과 자발적 연합 개념을 함축하는 것이고, 농노에게 적용 가능한 것이라고 생각했다. 몇 세기 동안 농노들은 한 명씩 한 명씩 스스로를 해방시켰고, 자신들이 속했던 땅에서 도망쳤다. 연합한 농노들은 도시를 형성했으며, 그들의 이름은 부르주아(도시를 만든 사람)가 되었다.[2] (루소가 사회계약 개념을 발전시키자 역사는 그것을 넘어서서 발전한 것처럼 보인다. 그러나 그의 명제 전에는 프랑스혁명 의회에서 수정 조항이 채택되지 않았다.)

나는 항상 여성은 농노 계급만큼 구조화된 계급이라고 생각했다. 나는 이제 그들이 한 명씩 도망쳐서 이성애 질서로부터 멀어질 수 있다는 것을 안다. 이것은 사회계약 같은 산업사회 이전 개념에 대한 나의 관심을 설명한다. 전체 세계의 언어로 보면, 여성 계급의 구조는 본질적으로 봉건적이다. 자본가인 동시에 전 자본가인 같은 사람끼리 생산과 착취의 형태를

---

2 Colette Guillaumin, "Pratique du pouvoir et idèe de Nature: 1. L'appropriation des femmes; 2. Le discours de la Nature", *Questions Féministes* n° 2 et n° 3(1978). "The Practice of Power and Belif in Nature : 1. The Appropriation of Women; 2. The Naturalist Discourse", *Feminist Issues* 1, nos. 2 and 3(Winetr and Summer 1981)으로 번역되었다.

똑같이 유지한다.[3]

넓은 의미에서 계급으로서 여성은 내 과제의 한 측면이다. 다른 측면은 언어와 관계되어 있다. 작가로서 언어는 붙들어야 하는 매우 단단한 토대를 제공한다. 나에게 있어 최초의, 영구적이고 최종적인 사회계약은 언어다. 언어는 인류를 인간으로, 사회적으로 만든다는 점에서 가장 기초적인 합의다. 바벨탑 이야기는 합의가 깨졌을 때 무슨 일이 생기는지에 대한 완벽한 묘사다.

내가 이전 글[4]에서 '이성애로서 사회계약'뿐만 아니라 '이성애 계약'이라는 용어를 몇 번 사용했기 때문에, 사회계약의 개념을 살펴보는 것이 내 과제가 되었다. 근대 과학과 역사가 이 개념을 포기했음에도 불구하고, 왜 그토록 호소력이 있는가? 왜 사회계약은 반향을 불러일으키고, 18세기 계몽주의라는 최초의 모멘텀으로부터 멀어졌는가? 동시에 왜 나는 우리가 이성애적 사회계약을 깨야 한다고 열정적으로 촉구하는가? 모

---

3 Colette Capitan Peter, "A Historical Precedent for Patriarchal Oppression : 'The Old Regime' and the French Revolution", *Feminist Issues* 4, no. 1(Spring 1984), pp. 83~89를 보라.

4 이 책의 〈이성애적 사유〉와 〈누구도 여성으로 태어나지 않는다〉를 보라.

든 인간 행위, 사고 그리고 관계를 아우른다면, 지금까지 사회계약에 대한 일반적 질문은 철학적인 질문이다. 루소를 인용해서 언제나 "인류는 자유롭게 태어났다. 하지만 어디에나 구속이 있다"고 하기만 했다. 모두를 위한 선을 획득한다는 약속은 여전히 철학적 실험의 목적이다. 이 약속은 역사상 달성된 적이 없기 때문에 여전히 유토피아적 차원으로 남아 있다. 그로 인해 일반적 측면에서 만들어진 질문은 모든 인류에게 확장된다.

이제 이성애 계약 그 자체를 깨뜨리자고 말하면서 나는 '여성' 집단을 지목한다. 그러나 나는 우리가 사회계약 그 자체를 깨야 한다고 말하는 것은 아니다. 왜냐하면 그것은 터무니없기 때문이다. 우리가 반드시 깨야 하는 것은 이성애다. 잘 만들어진 사회계약이 우리를 위해 할 수 있는 것에 관한 철학적 실험에 기대어, 나는 우리의 동의 없이 우리를 속박하고 있던 의무의 종말로 이끌 역사적 조건, 갈등과 직면한다. 하지만 우리는 자유를 위해 필요한 조건이라는 상호 간의 합의를 즐기지 않을 것이다. 루소를 다시 쓰자면 말이다.

루소의 용어 그대로 사회계약의 문제는 쓸모없음과는 거리가 멀다. 왜냐하면 철학적 차원에서 중요한 것은 더는 발전될 수 없다는 것이기 때문이다. 일반적인 사회 구성을 매우 협소하게 기술했던 성의 문제는 철학적 관점에서 접근하자면, 사회계약 전반을 포함한다. 또한 성의 문제는 사회계약이라는 개념을 소생시킨다는 역사적 이유도 있다. 이 사회계약은 성적 집단과 생산과 사회적 성교의 관계 중 특정한 상황이라는 구조와 관련이 있다.

사회계약 개념에 대한 주요 접근은 철학적이어야만 한다. 사회과학의 분할된 관점과 달리 철학적 관점은 종합의 가능성이 있기 때문이다.[5] 그리고 진실로 '사회계약'은 철학적 개념이다. 즉 계약이 있고, 개인과 사회 질서 사이의 합의가 있는 추상적인 생각이다. 이 생각은 17세기 영국 철학자 토마스 홉스《리바이어던》와 존 로크《통치론》 그리고 계몽주의 프랑스 철학자 루소와 함께 주로 등장했다. 개념사가에 따르면, 이 생각은 국가와 관련한 오랜 중세 이론을 심문한 결과 등장했다. 중세 이론에 따르면, 국가는 신정국가였다. 모든 권위는 신으로부터 나오고, 왕은 자신들이 신권에 의한 왕인 것처럼 신성

---

5 마르크스와 엥겔스의 이 문장은 특히 현대적 상황에 유의미하다.

한 질서를 획득하기 위해 통치하는 것이었기 때문이다.

'사회계약'이 존재하기 훨씬 전에, 철학자들은 사회 구성에 초점을 맞추고 있었다. 철학자들은 입법자 및 통치자 수련생이었다. 그들은 최고의 정부와 이상적 도시에 대해 생각했다. 정치적 질문은 철학적 질문으로 제기되고, 가르쳐지고, 논의되었다. 정치는 철학의 분과였다. 그들의 세공과 유토피아는 매우 가까웠다. 그들 다수는 실질적인 문제에 부딪혔다. 플라톤은 독재자 디오니소스에 의해 시실리 법정으로 소환되었다. 그리고 후에 그는 왕이 될 디오니소스의 조카를 가르치고 교육했다. 아리스토텔레스는 알렉산더 대왕의 교사였다. 플로티누스는 다른 독재자에 의해 오랜 상상과 희망이었던 이상적 도시를 만들고 창조할 수단을 제공받았다. 상상과 통치 사이의 밀접한 관련에 사로잡힌 철학자들은 자신들의 창조에는 유토피아적 한계가 있다는 것을 알아야만 했다. 나는 그들이 왕좌에 지나치게 가까이 다가갔을 때 현실에서 겪었던 재판을 통해서, 그것을 상상했다. 플라톤이 쓴 《국가》의 아홉 번째 권에서 소크라테스와 글라우콘은 완벽한 도시와 그 이상적 형태에 대해 논의했다.

글라우콘 : 그러나 우리가 그 토대를 설명해 온 도시는 오직 말 속에 있을 뿐이다. 지구상에 그런 도시가 존재하는 공간은 없다.

소크라테스 : 아니다. 그 도시를 보고 싶어 하고, 자기 안에서 그 도시를 찾는 자를 위한 귀감으로서 천국에 펼쳐진다. 어디서 존재하든 혹은 존재할 것이든 상관없다.

《사회계약론》서두에서 루소가 다음과 같이 언급한 것은 놀랍지 않다. "나는 내가 정치학에 관해 써야만 하는 왕자 혹은 통치자냐는 질문을 받았다." 그리고 자신이 경멸하면서 철학자라고 부르는 사람들과 거리를 두고 싶어 하는 루소는 말한다. "나는 아니라고 답한다." 그러나 그의 몇 가지 가정은 혁명의회에 의해 그대로 변화 없이 받아들여졌다. 철학자와 독재자, 왕, 정치적 의회의 직접적 연결은 우리에게는 놀라운 일이다. 그러나 우리는 최근에 케네디 대통령이 그의 스태프에게 여성의 상황에 관한 보고서를 준비하라고 요청한 것을 기억하고 있다. 이 여성들의 주도로 '왕좌'에 가까운 사람들이 직접 조사한 여성 해방 운동의 첫 번째 파견대가 탄생했다.[6]

초창기 정치학에서 아리스토텔레스 같은 철학자는 사회가 '조합', '연합', '함께하는 것'임을 알고 있었지만, 그것은 자발적 연합이 아니었다. 아리스토텔레스에게 사회는 구성원들의 합의와 선의로는 성립할 수 없는 것이었다. 사회는 몸은 튼튼하지만 의지가 박약한 사람에 대한 영리한 사람들의 "폭력(coup de force)"의 결과로 성립되었다. 아리스토텔레스에게 힘이 세고 권력이 있는 자는 지성이 있는 사람들이며, 신체적으로 강한 자들은 약자 범주로 떨어졌다. 그의 말에 따르면 "근본적인 것은 지배자와 지배받는 자의 조합, 공공 안전을 위해 함께 노력한다는 목적이다. 자신의 지성으로 필요한 것을 내다볼 수 있는 사람들은 자연적으로 지배자와 주인이다. 반면 신체적 힘을 쓰는 사람들은 자연적으로 지배받는 자인 노예이다. 그러므로 주인과 노예를 통일하는 공통된 이익이 있다."[7] 홉스와 로크는 약속, 계약, 합의라는 용어를 사용했다. 그들을 따라서 루소도 그 용어를 사용했다. 루소는 정치적으로 훨씬 더 엄격한 용어를 강조했다. 사회계약이다.

약속, 계약, 합의는 처음에 일단 한번 만들어지면 모든 사람

---

6 옮긴이 주: 1961년 12월 14일 케네디 대통령은 '여성 지위에 관한 대통령위원회'를 설치해 교육, 직장, 법제에 있어서 성평등 상황을 전면적으로 조사하라고 지시했다. 엘리너 루즈벨트를 의장으로 한 이 위원회는 직장에서의 여성차별을 고발하는 '피터슨 리포트(Peterson Report)'를 제출했다.

7 아리스토텔레스의 《정치학》을 보라.

을 함께 구속하는 약속을 지칭한다. 루소에 따르면, 사회계약은 "비록 공식적으로 밝혀진 적이 없더라도 사회에서 산다는 것으로 이미 암시되어 있는" 근본적 관습의 총합이다. 루소의 말처럼, 특히 나의 흥미를 자극하는 사회계약은 실제 현전하는 존재다. 그 기원이 무엇이든, 사회계약은 지금 여기에 존재하며 사람들은 그 계약을 이해하고 수행한다. 모든 계약자는 이미 존재하는 계약을 새 용어로 재확인해야 한다.

그때야 비로소, 계약자는 자신의 조건을 재검토해야 한다는 계약의 용어 자체가 상기된다는 점에서 도구적인 개념이 된다. 사회는 최종적으로 만들어지지 않았다. 사회계약은 우리 행위를, 우리의 말을 생산할 것이다. 우리가 더는 루소를 말하지 않더라도, "나는 자유 국가의 시민으로 태어났고, 투표할 권리는 나에게 공적 영역에서 스스로를 정초할 의무를 부과한다. 내 목소리가 그들에게 효과가 거의 없더라도."

루소는 그것을 당연하게 생각하지 않은 첫 번째 철학자다. 사회계약이 있다면, 그 핵심은 "권력이 맞다"는 것이다. (그리고 의식 혹은 무의식 질서에 속한 다른 어법 아래서 근대 역사학자와 인류학자들은 과학의 이름으로 사회 원칙의 불가피성을 양도하는 것처럼 보인다.) "가장 강한 자의 권리"에 관한 그의 냉소보다 더 즐거운 것은 없다. 거기서 그는 용어의 모순을 보여 준다. 《사회계약》에서 루소는 말한다.

가장 강한 남자는 언제나 주인이 될 만큼 강하지 않다. … "최강의 권리"—아이러니하게 의도된 것처럼 들리지만 실제 원칙으로 규정된 '권리'다. 굴복하는 것은 의지가 아니라 필요의 행위다. 그것은 기껏해야 신중한 행위다. 어떤 측면에서 그것이 도덕적 의무가 될 수 있는가? 한때 옳았을지 모르지만, 원인과 결과는 뒤집힌다. 그러나 자신이 기초한 힘과 함께 소멸하는 권리의 유효성이란 무엇인가? 힘이 복종하게 만든다면, 더는 어떤 의무도 없다. 그러므로 '권리'라는 말은 '권력'이라 불리는 것과 같다. 의미가 없는 것이다.

나는 여성이 처한 역사적 상황으로 돌아온다. 역사적 상황은 여성의 동의 없이 여성의 실존에 영향을 미쳤다. 나는 왕자가 아니다. 나는 입법자도 아니다. 그러나 나는 사회의 적극적인 구성원이다. 나는 내가 할 일이 이 사회가 나에게 부여한 규칙, 의무 그리고 제약의 세트를 검토하는 것이라고 생각한다. 규칙과 의무가 내가 자연에서 찾을 수 없는 자유를 준다면, 혹은 사회가 우리를 끌어들였다는 것을 루소를 통해 말할 것도 없다면 말이다. "나는 너와 계약을 맺는다. 전적으로 네가 비용을 지불하고 전적으로 나에게 이익이 되는 계약이다. 나는 내가 원하는 한 그 계약을 존중할 것이고, 너는 내가 바랄 때까지 그것을 존중해야만 한다." (여기서 사용된 용어는 수사적이다. 모두가 사회 밖에는 아무것도 없다는 것을 알고 있기 때문이다.)

그러나 우리가 원하든 원치 않든 간에, 우리는 지금 여기 사회에 살고 있다. 우리가 공식적으로 발화되지 않았지만, 모두가 알고 있고 마법처럼 적용되는 관습과 규칙을 따를 때, 그것은 사회 발전에 동의한다는 증거다. 우리가 지금 쓰는 것처럼 공통 언어로 이야기할 때도 마찬가지다. 대부분의 사람은 사회 질서 안에서 자신들의 상황을 묘사할 때 '사회계약'이라는 말을 사용하지 않는다. 그러나 그들은 우리가 "해야만 하는" 일정한 행동과 일이 있다는 것에는 동의할 것이다. **위법**과 **광기**는 공통 언어를 말하지 않거나 말할 수 없는 사람들뿐 아니라 규칙과 관습대로 살기를 거부한 사람들의 이름이다. 그리고 이것이 내가 사회계약을 이야기할 때, 흥미로워하는 부분이다. 공식적으로 발화된 적 없는 규칙과 관습, 일반 사람들뿐만 아니라 과학적인 사유에서도 말해진 적 없는 규칙과 관습이, 사람이 두 다리와 두 팔을 가져야 하는 것처럼, 혹은 사람이 숨을 쉬고 살아야 하는 것처럼 분명히 삶을 가능하게 한다는 것 말이다. 사회적 연결 고리에 묶인 채로, 사람들은 각자 그리고 모두가 사회계약 안에 있다고 생각한다. 이성애 안에서 산다는 것을 구성하는 사회계약이다. 한데 모이고, 함께 있고, 사회적 존재로 산다는 그 사실이 사회계약이다. 우리는 살아 있고, 기능하고, 말하고, 일하고, 결혼한다는 확립된 사실을 통해 철학적 사유에 관계된다. 이 개념은 이제 더는 과학적 사유의 도구는 아니지만 말이다. 관습과 언어는 사회계약의 대부분을 점선으로 보여 준다. 사회 안에 사는 것은 이성애 안에 사는 것이다. 사실, 나는 사회계약과 이성애는 두 개의 초─부과된 개념이라고 생각한다.

내가 이야기하고 있는 사회계약은 이성애다.

내가 사회계약을 정의하려고 할 때마다 직면하는 문제는 내가 이성애가 무엇인지 정의하려고 할 때마다 생겼던 문제와 같다. 나는 존재하지 않는 대상, 페티시, 현실에서는 파악할 수 없는 이데올로기적인 형태와 직면한다. 그 효과를 제외하고, 이성애는 사람들의 생각 속에 존재한다. 사람들의 전 생애에 영향을 미치는 방식으로, 그들이 행동하고 움직이고, 생각하는 방식으로 존재한다. 그래서 우리는 상상적이고 실제적인 대상을 다루고 있다. 사회계약의 대부분을 설명하는 점선은 움직이고, 변화하고, 때로 가시적인 것을 생산하고, 때로 함께 사라진다. 그것은 뫼비우스의 띠처럼 보인다. 이제 나는 무언가 꽤 다른 점을 알고 있다. 이 뫼비우스의 띠는 가짜다. 왜냐하면 시각적(optical) 효과의 한 측면만이 분명하고 광범위하게 나타나기 때문이다. 그리고 그것은 이성애다. 동성애는 유령처럼 희미하게 나타날 뿐이고 때로는 전혀 보이지 않는다.

그렇다면 이성애는 무엇인가? 용어로서, 그것은 금세기 초에 동성애의 짝패로 만들어졌다. "말할 필요도 없이" 딱 그 정도다. 법학자들은 이성애를 제도라고 부르지 않을 것이다. 혹은 다른 말로 제도로서 이성애는 법적 존재가 아니다(프랑스 법에서는 결혼 계약의 파트너가 다른 성이어야만 한다고 언급조차 하지 않는다). 인류학자들, 민속학자들, 사회학자들은 이성애를 제도로 여기지만, 쓰여 있지 않은, 말해지지 않은 것으로 여길 것이다. 그들은 사회 질서의 바깥에 있는 무언가에서 기인하는 이미-거기에 있는 두 집단이라고 추정한다. 남성과 여성. 그들에게 남성은 사회적 존재이고, 여성은 자연적 존재다. 나는 그들이 인류에게 있어 그 중요성에도 불구하고 역사적으로 나타난 적이 없는 전(前) 사회적 관계, 즉 아이와 어머니 사이에 전(前) 오이디푸스적 관계가 있다고 가정할 때, 그 추측을 정신분석학적 접근에 비교한다. 이 관점은 기원의 문제를 폐기하는 사회계약이라는 말로, 그들에게 이득을 준다. 그들은 자신들이 공시성 대신에 통시성을 다루고 있다고 믿는다. 레비스트로스의 유명한 개념인 여성교환도 마찬가지다. 그는 자신이 변함없는 것을 다루고 있다고 믿는다. 내가 강조하는 문제를 보지 않는 모든 사회과학자는 물론 '사회계약'이라는 말도 하지 않을 것이다. 바뀌지 않고 앞으로도 바뀌지 않을 현상이라는 점에서, 정말로 내가 '사회계약'이라 부르는 것을 택하는 편이 훨씬 간단하다. 그러므로 우리 사전에는 이런 말들이 있다. **아버지들, 어머니들, 형제들, 자매들** 등등. 그들의 관계는 마치 계속돼야 할 것처럼 연구될 것이다.

아리스토텔레스는 《정치학》에서 사물은 반드시 이래야 한다고 언급할 때 훨씬 더 냉소적이었다. "첫 번째로, 서로가 있어야만 효과가 있는 것들은 **반드시** 짝으로 결합되어야만 한다. 예를 들어, 남성과 여성의 조합."(강조는 필자) 이성애의 필요성이 《정치학》의 첫 번째 기점이라는 것에 주의하라. 또한 두 번째 예 "짝으로 결합되어야만 하는 것들"이 "지배자와 피지배자의 조합"에서 발견된다는 것에도 주의하라. 그때부터, 남성과 여성, 이성애적 관계는 모든 위계 관계의 척도였다. 그 짝의 지배적 구성원들만이 그들 스스로에 의해 "무효화될" 수 있다는 것은 강조할 필요도 없다. '지배자'와 '남성'은 그들의 짝패 없이도 잘 지낸다.

이제 나는 레비스트로스로 돌아온다. 지금까지 페미니스트 이론가들이 선호해 온 여성교환이라는 생각을 그냥 지나치지 않을 것이기 때문이다. 그리고 레비스트로스의 이론을 이용해서 우리는 인류 절반에 대한 아버지, 형제, 남편의 전체 음모를, 전체 구조를 폭로했다.[8] 주인에게 노예는 분명히 남성에게

---

8 옮긴이 주 : 레비스트로스는 여자가 집단생활에 있어서 희소가치가 있고, 본질적인 필수품들이라고 말한다. 남자와 여자가 수적으로 동일하다고 해도, 여자들은 똑같이 욕망을 품을 수 없고, 결정적으로 욕망을 품는 여자들은 극히 소수이기 때문에 남자들 사이에서 여자는 희소가치를 발생시킨다는 것이다. 이에 대해 게일 루빈은 "여성을 원자재로 간주하고 가내 노예화된 여성으로 가공하는 체계적인 사회적 장치"를 친족 구조라고 파악한다. 레비스트로스가 근친상간 금지가 이성애 결혼 제도를 강제하는 법이라는 점을 간과했다는 것이다. 루빈은 남성들이 여성의 재생산권을 가져가기 위한 장치인 이성애야말로 여성 억압의 물질적 토대라고 지적하면서, 이성애 결혼 제도는 자연스러운 것이 아니라 남성 중심의 친족이 가능하도록 여성들에게 강제된 것이라고 주장한다. 게일 루빈, 〈여성 거래〉, 《일탈》, 신혜수 외 옮김 (현실문화, 2015).

여성이 갖는 용도처럼 일시적인 것이다. 아리스토텔레스가 "가난한 사람의 노예"라 불렀던 여성은 언제나 가까이에 있다. 레비스트로스에 따르면, 그들은 삶을 가치 있게 만들어 주는 귀중품들이다(아리스토텔레스도 별로 다르지 않게 말한 바 있다. 그들은 "좋은 삶"을 만든다). 레비스트로스가 여성교환이 무엇인지, 어떻게 작동하는지 설명했을 때, 그는 분명히 사회계약의 폭넓은 선을 그었다. 여성이 배제된 사회계약, 남성들 사이의 사회계약이다. 교환이 일어날 때마다, 그것은 모든 여성의 전유에 대한 계약이라는 것이 확인된다. 레비스트로스에게, 사회는 이 교환 없이 작동하거나 존재할 수 없다. 이를 보여 줌으로써 그는 이성애가 제도일 뿐 아니라 사회계약, 정치적 체제라는 것을 드러낸다. [당신은 성적 쾌락과 성적 태도(mode)가 여기서 문제가 아니라는 것을 눈치채야 한다.] 레비스트로스는 그 이론으로 인해 안티페미니즘이라는 혐의를 받는다. 그리고 그가 여성은 교환이라는 측면에서 언어 기호로 완전하게 덧붙여질 수 없다고 인정했음에도 불구하고, 그는 그런 이론이 여성에게 미칠 충격적인 효과에 대해 염려할 필요가 없었다. 아리스토텔레스가 사회 질서에서 노예의 필요성을 정의했을 때 이상으로는 말이다. 과학적 사유는 잔인한 현실을 다룰 때 무안을 당해선

안 되고 망설여서도 안 되기 때문이다. 그리고 이것은 실제로 잔인한 현실이다. 여성의 경우, 반란에 대한 공포가 있을 수 없다. 심지어 여성은 자신에게 강요된 것을 원한다고, 그리고 자신을 배제한 사회계약의 일부라고 설득당해 왔다. 우리가 동의하지 않더라도, 여성은 이성애의 정신적 범주 바깥을 상상할 수 없기 때문이다. 이성애는 언제나 이미 모든 정신적 범주 안에 존재한다. 이것은 주요 범주인 변증법적 사유 (혹은 차이의 사유) 안에 숨어들었다. 추상적인 철학적 범주도 사회적인 것처럼 실제적인 영향을 미친다. 언어는 사회체를 밟고 폭력적으로 틀을 잡으면서 현실이라는 표를 던진다. 예를 들어, 사회적 행위자의 신체는 (비추상적 언어들에 의해서뿐만 아니라) 추상적 언어에 의해 만들어진다. 언어에는 실제의 인공성이 있기 때문이다.

그러므로 사고/사유가 파악하려 할 때마다 나타났다 사라지곤 하는 성격을 가진 이성애는 이성애적 계약의 범주 안에서 가시적이고 분명하다. 내가 짧은 글에서 해체하려고 시도했던 것은 (이 책을 포함해서) 성의 범주다. 그 범주는 우리가 여성에 대한 사회계약이라는 말을 납작하게 이해하도록 만든다. 나는 〈성의 범주〉에서 다음을 인용한다. (약간 표현을 수정했다.)

성의 영속과 노예 주인의 영속성은 같은 믿음에서 나온다. 그리고 주인이 없으면 노예가 없는 것처럼, 남성이 없으면 여성도 없다. …

성 범주는 사회를 이성애적으로 설립하는 정치적 범주다. 그래서 이것은 존재 문제가 아니라 관계(여성과 남성에게 관계의 결과물) 문제다. 두 측면이 항상 논의될 때마다 혼동됨에도 불구하고. 성 범주는 (이성애적) 사회의 토대에 있는 관계를 '자연적'이라고 판정하고, 그것을 통해서 인구의 절반인 여성을 '이성애화한다.' …

주요 범주인 성 범주는 '흑인'의 경우처럼 환원 작전을 통해서, 전체를 위해 모든 인간이 지나야 하는 스크린(인종, 성) 역할을 맡음으로써, 구체적으로 작동한다.

에이드리언 리치(Adrienne Rich)[9]가 "이성애는 강제적이다"고 말했을 때, 우리가 다루고 있는 사회계약에 대한 이해가 한발 앞으로 나아갔다. 프랑스 인류학자인 니콜-클로드 마티외

---

9 옮긴이 주: 미국의 시인이자 페미니스트로, 《더 이상 어머니는 없다》, 〈강제적 이성애와 레즈비언 존재〉 등으로 유명하다.

(Nicole-Claude Mathieu)는 의식에 관한 놀라운 에세이에서 우리가 침묵하고 있다고 해서 우리가 동의하는 것은 아니라는 점을 밝혔다.[10] 그리고 우리를 출산을 통해서만 의미를 갖는 성적 존재로, 혹은 프랑스 작가 장 폴랑을 인용한다면 그들 자신의 사유에서도 모든 것을 성적인 그런 존재로 환원시키는 사회계약에 어떻게 우리가 동의할 수 있는가?[11]

결론적으로, 나는 그들의 계급에서 벗어남으로써 여성은 사회계약을(새로운 계약) 획득할 수 있다고 말할 것이다. 도망치는 농노처럼 한 명씩일지라도. 우리는 그렇게 하고 있다. 레즈비언은 도망자이고 도망치는 노예다. 도망치는 신부 역시 같은 경우이고 그들은 모든 나라에 존재한다. 이성애라는 정치적 체제를 모든 문화가 재현하기 때문이다. 그래서 이성애적

---

10 Nicole-Claude Mathieu, "Quand céder n'est pas consentir. Des déterminants matériels et psychiques de la conscience dominée des femmes, et de quelques-unes de leurs interprérations en ethnologie", in *L'Arraisonnement des femmes, Essais en anthropologie des sexes*(Paris: Editions de l'Ecole des Hautes Etudes en Sciences Sociales, 1985). "When Yielding Is Not Consenting. Material and Psychic Determinants of Women's Dominated Consciousness and Some of Their Interpretation in Ethnology"로 번역돼 다음에 실렸다. *Feminist Issues* 9, no. 2(1989), part Ⅰ.

11 장 폴랑, 폴린 드 레아주의 《O의 이야기》에 실린 추천사 〈노예제 안의 행복〉에서.

사회계약을 깨는 것은 그것에 동의하지 않는 사람들에게는 필수적이다. 루소의 생각에 현실적인 것이 있다면, 그것은 우리가 여기서 지금 '자발적 사회'를 만들 수 있다는 것이다. 그리고 여기서 지금 사회계약을 새로운 것으로 다시 만들 수 있다는 것이다. 우리가 왕자나 입법자가 아니더라도 말이다. 이게 단순히 유토피아인가? 그렇다면 나는 소크라테스와 글라우콘의 관점을 따를 것이다. 궁극적으로 새로운 사회 질서가 우리를 부정할 것이라면, 그에 따라서 말로만 존재할 그런 질서가 우리를 부정할 것이라면, 나는 새로운 사회 질서를 내 안에서 찾을 것이다.

5

호모 숨
(1990)

나는 인간이다. 나는 인간적인 어떤 것도 나와 다른 것으로 여기지 않는다.

_테렌티우스, 《고행자 *Heauton Timoroumenos*》 25

우리 모두는 '인간'이라는 것이 무엇을 의미하는지에 관한 추상적인 생각을 갖고 있다. 우리가 인간은 여전히 잠재적이고 가상적이라고 말할 때, 우리가 의미하는 것은 아직 실체화되지 않았다. 이처럼 실제로 우리의 서구 철학에서 지금까지 인간으로 간주되어 온 것은 백인 남성, 생산 수단의 소유자들, 자신의 관점을 유일하고 독점적인 것으로 이론화할 수 있는 철학자들과 더불어서 아주 적은 비주류의 인간이다. 우리가 철학적 관점에서 인간성의 가능성과 가상성을 추상적으로 고려하면서 정확하게 보기 위해서는 비스듬한(oblique) 시선을 취해야 한다. 그러므로 인간(인류)의 전초 기지에 서서 레즈비언은 역사적으로, 모순적으로, 가장 인간적인 시점을 재현한다. 극단적인 시점에서 전체적인 사고와 사회의 구조를 비평하고 만들어 내는 생각은 새로운 것이 아니다. 우리는 그것을 로베스피에르와 생쥐스트에게 빚지고 있다. 마르크스와 엥겔스는 《독일 이데올로기》에서 가장 급진적인 집단이 그들의 관점과 이해를 일반적이고 보편적인 것으로 보여 줄 필요성을 단언함으로써, 그 생각을 확장했다. 실용적이고 철학적인(정치적인) 관점 모두를 건드리는 자세다.

지금 현 사회에서 레즈비언의 상황은 철학적으로(정치적으로) 성 범주를 넘어선 곳에 위치한다. 그들이 알고 있든 아니든. 실질적으로 그들은 부분적이거나 불확실할지라도 자신의 계급(여성 계급)으로부터 멀어지고 있다.

문화적이고 실용적인 바로 그 장면으로부터, 내가 변증법에 대해 질문을 제기하는 것은 극단적으로 취약하고 결정적이다.

한편으로, 전 세계에는 이성애를 의무로 승인하는 거대한 가정이 있다. 다른 한편으로, 탈출 가능성이 있는 함정으로서, 강요된 정치적 체제로서의 이성애라는 오직 흐리고 덧없는, 때로는 반짝이고 빛나는 관점이 있다.

우리의 정치적인 사고는 변증법에 의해 백 년 넘게 형성되어 왔다. 우리는 계급투쟁 이론의 생산자인 마르크스와 엥겔스에게서 가장 근대적 형태의 변증법을 발견했다. 그 구조를 이해하기 위해서, 특히 마르크스와 엥겔스가 헤겔의 변증법에 가한 역전을 이해하기 위해 우리는 헤겔을 언급했다. 간략하게 그것은 헤겔의 본질주의적 범주의 활성화, 형이상학에서 정치학으로의 이동(정치적이고 사회적인 장에서 형이상학 용어가 더는 본질주의적 반대 측면에서가 아니라 갈등 측면에서 이해되어 왔다는 것을 보여 주고, 그 갈등은 극복될 수 있고 반대 범주는 화해/봉합되었다는 것을 보여 주기 위해)이다.

여기서 강조: 계급 갈등만으로 모든 사회적 대립을 설명하면서 마르크스와 엥겔스는 두 용어 아래로 모든 갈등을 환원했다. 이것은 '자본의 시대착오'라는 호명 아래 포함될 수 있는 일련의 갈등을 해소하는 환원 작업이었다. 인종차별주의, 반유대주의, 성차별주의는 마르크스주의자의 환원에 의해 공격받았다. 마르크스와 엥겔스가 만든 갈등 이론은 모두 마르크스

주의자의 '계급'을 교차하는 패러다임에 의해 표현되었다. 그들은 경제적 용어에서 독립적으로 해석될 수 없었다. 즉, 사회학적 맥락에서, 잉여가치의 완전한 전유라는 측면에서, 모두는 평등한 권리를 가지고 있지만, 돈과 시장에서 교환할 수 있는 가치를 생산한다면, 자본가들은 노동자의 생산과 작업의 대부분을 전유한다. 계급투쟁의 두 용어로 환원될 수 없는 형태의 모든 갈등은 프롤레타리아 계급이 권력을 가진 후에 해결될 것이라고 여겼다.

우리는 역사적으로 계급투쟁 이론이 승리하지 못했다는 것을 알고 있다. 그리고 세계는 여전히 자본가들(생산 수단의 소유자들)과 노동자들(노동의 공급자들과 노동력 그리고 잉여 가치의 생산자들)로 나뉜다는 것을 알고 있다. 모든 나라에서 사회적 관계를 바꾸려는 프롤레타리아 계급이 실패함으로써 우리는 막다른 길에 도달했다. 변증법적 측면에서 그 결과는 마르크스주의적 역학의 동결이고, 형이상학적 사유의 복귀이며, 마르크스주의자의 변증법을 통해 변화되었던 용어에 대한 본질주의적 측면의 합성이다. 즉, 우리는 여전히 자본가 대 프롤레타리아 계급을 마주하고 있다. 하지만 이번에는 〈잠자는 숲속의 공주〉 동화의 지팡이에 부딪힌 것처럼, 그들은 현 상태에 머무르고, 운명의 동전에 매혹되었고, 움직일 수 없게 되었고, 본질주의적 용어로 바뀌었고, 그들을 바꿀 수 있는 역동적 관계를 결여했다.

여기서 마르크스주의자의 방식을 깊이 재검토할 필요는 없다. 마르크스가 자본의, 산업 세계의 시대착오라 불렀던 것이, 많은 다른 사람, 인류의 절반인 여성들, 식민화된 제3세계와 제4세계[1] 등을 은폐한다는 세계의 평형에 대해 이야기하는 것을 제외하고는 말이다. 레닌과 마오쩌둥은 금세기 초에 그들의 대중과 함께 그 문제에 직면했다.

철학적 관점에서 보면, 레즈비언 정치학은 역사에서 여성 지위를 비춰 볼 때 헤겔식 변증법보다 더 이전의 변증법을, 그 기원의 장소를 심문해야 한다. 아리스토텔레스와 플라톤으로, 우리를 틀 지은 위치의 범주가 어떻게 생겨났는지 거슬러 올라가야 한다.

최초의 그리스 철학자 중 일부는 유물론자였고, 모두는 일원론자였다. 이것은 그들이 존재의 어떤 구분도 몰랐다는 것을 의미한다. 존재는 존재로서 하나였다. 아리스토텔레스에 따

---

1 우리는 여기서 반드시 서구 산업사회에서 가난하게 사는 사람을 지칭하는 '제4세계'에 대한 언급을 추가해야 한다.

르면, 우리는 피타고라스학파에게 사고 과정에서의 분화를, 그리고 그러므로 존재의 사유를 빚지고 있다. 합일(unity)의 측면에서 생각하는 대신, 철학자들은 추론 과정에, 사유에 이원성을 도입했다.

아리스토텔레스에 의해서 기록된 이래(《형이상학》 I, 5, 6,) 역사가 우리에게 건넨 이분법 표의 첫 번째를 생각해 보자.

제한된	무제한의
홀수	짝수
유일자 / 하나	여럿
우	좌
남성	여성
쉼	움직임
직선의	곡선의
빛	어둠
선	악
정사각형	직사각형

우리는 다음도 관찰한다.

오른쪽의	왼쪽의
남성의	여성의
밝은	어두운
좋은	나쁜

이 단어들은 판단과 평가, 윤리적 개념이다. 그리고 내가 추출해 낸 것으로부터 낯선 것이다. 첫 번째 시리즈는 기술적이고 도구적이다. 피타고라스와 그의 학파가 수학자였기 때문에 우리는 그들의 시리즈를 이해할 수 있다. 두 번째 시리즈는 첫 번째에 비해서 이종적이다. 그래서 구별(변이들, 비교들, 차이들)에 기초한 이전의 개념적 도구가 만들어지자 그 즉시 (혹은 거의 즉시 피타고라스학파의 계승자들에 의해) 존재의 형이상학적이고 도덕적인 차별화(differentiation)를 만드는 수단이 되었다.

아리스토텔레스에게는 전치 개념을 이해하는 데 있어서 도약이 있다. 그리고 그 개념은 철학과 그가 형이상학이라고 부르는 것에 역사적으로 접근할 때 사용되고 있다. 실용적인 개념에서부터 그들은 추상적인 것이 되었다. 분류하고, 분명하게 하고, 측정 가능하게 하던 (그 자체로 천재의 작업) 기능을 가진 용어에서 형이상학적 차원으로 번역되었다. 그리고 재빨리 완전히 그 맥락으로부터 분리되었다. 더구나 아리스토텔레스(와 플라톤)의 형이상학적 해석 안에서 사용되던 평가적이고 윤리적인 용어(오른쪽의, 남성의, 밝은, 좋은)의 반대쪽 표는 '유일자(One)'와 같은 기술적 용어의 의미를 바꿨다. '좋은' 것은 모두 유일자의 계열에 속했다. '많은' (다른) 것은 모두 '나쁜' 계열에 속했다. 그것은 비존재에, 불안에, 좋은 것에 문제 제기하는 모든 것에 동화되었다. 그러므로 우리는 추론의 영역을 떠나 해석의 영역으로 들어갔다.

플라톤과 아리스토텔레스가 만든 변증법적 장에서 우리는 첫 번째 수학적 표에 영향을 받았으나 왜곡된 일련의 대립항을 발견한다. '유일자'(나누어지지 않고, 신성함 그 자체인 절대적인 존재)의 계열에, 자신의 지배적 위치로부터 한 번도 벗어난 적이 없는 '남성'(그리고 '밝은')이 있다. 다른 계열에는 불안함이 나타난다. 보통 사람들, 여성들, '가난함의 노예들', '어두운'(노예와 여성 사이에서 구분할 수 없는 야만인들) 등은 모두 비존재의 한도로 환원된다. 존재는 좋은, 남성의, 이성애의, 하나의, 즉 신과 같은 것이다. 반면에 비존재는 다른 무엇이거나 (많은) 여성일 수 있다. 이는 불화, 불안, 어두운 그리고 나쁜 것을 의미한다. (아리스토텔레스의《정치학》을 보라.)

플라톤은 유일자와 동일자(신과 선으로서), 대타자(비인간인 신과 같지 않은, 나쁜)라는 용어를 활용한다. 그러므로 변증법은 기본적으로 존재 혹은 비존재라는 형이상학적 함축을 가진 일련의 대립항으로 작동한다. 우리 관점으로 보면, 주인과 노예의 변증법에서 헤겔은 별로 다르게 진행하지 않는다. 대립항을 갈등(사회적이고, 실용적인 갈등)으로 역사화하려고 노력함에도 불구하고 마르크스 스스로는 형이상학적 계열, 변증법적 계열의 죄수였다. 부르주아는 유일자의, 존재의 편이다. 프롤레타리아는 대타자의, 비존재의 편이다.

그러므로 변증법에 대한 문제 제기의 필요성은 변증법을 '변증법화하는' 것으로 구성된다. 용어 또는 대립항과 관련하여 원칙으로서, 그리고 그것의 기능성에 대해 의심하는 것. 철학사에서 추론에서부터 해석과 모순까지의 도약이 있다면, 혹은 우리가 수학적이고 도구적인 범주에서 규범적이고 형이상학적인 범주로 도약했다면, 우리는 거기에 주의를 환기해야 하지 않을까?

여성의, 어두운, 나쁜 그리고 불안함이 속한 패러다임은 노예, 대타자, 차이에 의해 증가했다는 것을 말해야 하지 않는가? 언어학자를 포함하여 우리 근대의 모든 철학자, 정신분석학자, 인류학자는 이런 정확한 대립항의(차이의) 범주 없이는 추론이나 사고를 할 수 없다고 말할 것이다. 심지어 그 바깥에서는 의미가 그 스스로 형태를 가질 수 없고, 사회 바깥처럼 비사회적인 곳에서는 의미가 불가능하다.

분명히 마르크스는 헤겔의 변증법을 뒤집어놓으려고 의도했다. 마르크스의 한 발짝은 유일자와 대타자, 주인과 노예 같은 변증법적 범주가 형이상학적인 혹은 본질적인 것이 아니라는 것을 보여 준 것이었다. 그러나 마르크스의 변증법은 역사적인 용어로 읽히고 이해되었다. 이러한 제스처로 그는 철학과 정치학 사이의 연결 고리를 재설립했다. 그러므로 오늘날 몹시 엄숙하게 차이의 범주(내가 차이의 사고라고 부르는 것에 속한)라 부르는 범주들은 마르크스의 갈등적인 범주—사회 갈등의 범주—였다. 계급투쟁을 통해서 그 범주는 서로를 파괴할 예정이었다. 그리고 그런 갈등에서 유일자를 파괴(제거)할 것이고, 대타자는 스스로 파괴될(제거될) 예정이었다. 프롤레타리아는 스스로를 경제적 계급으로 만들자마자 부르주아뿐 아니라 스스로를 파괴해야만 했다. 파괴의 과정은 이중 운동으로 구성된다. 계급으로서 스스로를 파괴하기(그렇지 않으면 부르주아는 권력을 유지한다)와 철학적 범주(대타자의 범주)로서 스스로를 파괴하기. 정신적으로 대타자(노예)의 범주에 머무르는 것은 마르크스 변증법에 따르면 비해결을 의미할 것이다. 해결은 두 갈등적 용어에 대한 철학적 재평가를 향한다. 비힘(nonforce, 없음)이 있던 곳에 경제적 힘이 있다는 것이 분명해지자, 이 힘은 대타자(노예)의 측면에서 스스로를 부인하고 유일자(주인)의 편에서 힘을 차지할 것이다. 노예와 주인의 질서를 폐지할 뿐 아니라 그들을 동일하고 유일한 것으로 화해시킬 것이다.

우리가 알고 있는 혁명을 통해서 역사에서 벌어진 것은 대타자(타자들의 범주)는 유일자를 스스로 대체했다는 것이다. 그러면서 차례로 구(舊)타자들의 대타자가 되는 억압받는 사람들의 커다란 집단은 그때에 가면 유일자가 된다. 이것은 이미 (마르크스 전에) 노예제 문제를 잘 다룰 수 없었고, 여성(대문자 여성, 그 영원한 대타자) 문제를 전혀 다루지 않았던 프랑스혁명에서 벌어졌다. 변증법을 변증법화하는 것은 타자들의 모든 범주가 유일자, 존재, 주체의 편으로 옮겨진다면 인간성 문제에 정말 무슨 일이 벌어질지를 질문하는 것이다. 예를 들어, 이 모든 용어가 추상적인 면에서는 원래 인간(성의 구분 없이)을 의미함에도 불구하고, 우리는 인간성(humanity), 인간(human), 사람(man, l'homme), 인류(homo)를 유지할 수 있을까? 지배 집단(여성을 지배하는 남성)이 오랫동안 전유해 왔고 그들이 추상적이면서 구체적으로 인간성을 남성으로 의미하는 데 사용해 온 그 용어들을 유지해야 할까? 인류: 남성. 즉 철학적이고 정치적인 남용.

마르크스와 엥겔스는 이 필요한 변화(변증법적 조작)를 다루지 않았다. 그들은 (늘 그렇듯 혁명들을) 대체를 다루었다. 좋은 이유: 그들은 프롤레타리아 혁명이라는 사건 **이전**에 프롤레타리아 혁명에 관해서 쓰고 있었고 무엇이 일어날지를 결정할 수 없기 때문이다. 나쁜 이유: 보편적인 것, 일반적인 것, 인간의, 전체의 담지자들은 부르주아 계급이었다. 《공산당 선언》을 보라.) 그들은 역사상 국경을 넘어갈 수 있는 유일한 계급이었다. 프롤레타리아 계급은 불확실한 상태에서 그들을 위해 기다렸다. 공산당(그 멤버 스스로도 대부분 부르주아)의 지도를 필요로 했던 많은 유령은 근근이 살아가며 싸웠다.

그러므로 우리의 가장 완벽한 변증법, 유물론적 변증법의 모델은 사라졌다. 주사위는 던져졌기 때문이다. 출발부터 대타자는 그것이 처음에 발견된 장소에서 머무르는 상황에 처했다. 그것은 본질적으로 대타자의 장소다. 계급 변화(즉, 유일자와 대타자의 범주를 무너뜨리고, 그것들을 다른 것으로 바꾸어 놓는 것)를 완수했어야 하는 행위자가 유일자, 즉 부르주아 그 자체의 한도에 속했기 때문이다.

두 계급의 환원을 통해서, 마르크스주의자의 변증법은 부르주아가 스스로와 싸워서 아무것도 아닌 것(nothing)으로 축소된다는 혁명적 과업을 부여한다. 바로 그때, 우리는 그들이 그렇게 할 것이라고 기대할 수 있을까? 공산당 대변인 대부분이 속해 있고, 지식인이 대부분 그 출신인 부르주아 계급이 말이다.

심지어 여성과 남성이 관련된다면 더 결정적이라고 할 이 계급의 환원은 여전히 초기 상태에 있고, 거의 질문되지 않았다. 여성을 남성에 비유하여 배치하는 것은 거의 불가능하다. 누가 실질적으로 계급의 환원이 필요하다고 혹은 이 범주들을 범주로서 파괴하고 대타자에 대한 '유일자'의 지배를 종식시킬 필요가 있다고 상상할 만큼 합리적인가? 여성을 남성으로 대체하자(유일자를 대신하는 대타자)고 말하는 것은 아닌가?

실제로, 옛날부터 남성은 한쪽이고, 여성은 다른 쪽이었다. '유일자들'은 여성을 포함해서 모든 것을 지배하고 소유한다.

타자들은 지배되고 전유된다. 그런 상황에서 내가 믿는 것은 철학과 정치학의 단계에서 여성은 다르다는 존재의 특권 없이 살고 있다는 것, 무엇보다 다른 존재(대타자의 범주로 강등되는)의 위치를 '다를 권리'로서 부과하지 않는다는 것이다. 정치적으로, 그리고 경제적으로, 이 문제는 매우 느리고 안정된 것처럼 보이기 때문에, 나는 철학적으로 추상화의 과정에 도움을 받을 수 있을 것이라고 생각한다.

추상적 개념에서 인류, 인간은 모두다. 무슨 종류든 간에 대타자도 포함되어 있다. 추상화의 가능성이 인간 사이에서 사실화되면, 이 단계에서 분명해지는 사실들이 있다.

억압받는 자의 변수 아래, 마르크스주의자의 설계를 따라 억압받는 자는 지배자와 마찬가지로 인간이라고, 여성도 남성과 마찬가지로 인간이라고 '최종 승리'가 선언할 때까지 기다릴 필요는 없다. 힘이 없다는 전제 아래, 우리가 존재론이고 어원론적인, 그리고 언어학적인 나쁜 트릭(entourloupettes)[2]을 참아야 하는 의무는 어디에 있는가? 그들의 가면을 벗기고, 두 인간 중 하나는 여성이라고, 비록 우리가 정치적이고 경제적

---

2 못된 비결, 면책 비결.

인 것뿐 아니라 이 단계까지 빼앗기고 약탈당했지만 보편적인 것은 우리에게 속한다고 말하는 것이 바로 우리의 싸움이다. 이 지점에서 내가 그토록 숭배해 왔던 변증법적 방법론은 우리를 위해 해 주는 것이 거의 없다. 추상적으로, 사고의 순서에서, 가능성과 잠재성의 순서에서, 철학에서, 대타자는 유일자와 질적으로 다를 수 없다. 그것은 동일자다. 볼테르가 동일함 (la Mêmeté, 그가 만든 신조어지만 프랑스어에서 한 번도 사용되지 않았다)이라고 부른 것의 선을 따라서. 우리에게 대타자의 사유 혹은 차이의 사유는 불가능하다. 유일자에게 혹은 대타자에게 '인간이 아닌 것은 없기' 때문이다.

나는 우리가 이성이 할 수 있는 것의 끝까지는 도달하지 않았다고 믿는다. 그리고 나의 데카르트주의자적 마음의 자세를 부인하고 싶지 않다. 나는 계몽주의를 역사가 우리에게 준 첫 번째 빛으로 회상하기 때문이다. 그러나 지금까지 합리성은 질서, 지배, 이성 중심주의의 대변자로 변했다. 우리 시대의 많은 사람에 따르면, 유일한 구원은 그들이 타자성이라고 부르는 유대인, 흑인, 홍인, 황인, 여성, 동성애자, 광인 등의 모든 형태 아래의 엄청난 행복감에 있다. 이성으로부터 멀리 떨어진 (어리석다는 것을 의미할까?), '다른' 그리고 다르다는 것에 자부

심을 느끼는 타자성이다.

지배자와 지배받는 자의 간판은 모두 이런 관점을 채택하고 있다. 선은 더는 유일자, 남성, 빛의 범위 내에서 발견되지 않고 대타자, 여성, 어둠의 범위에서 발견된다. 그러니 비이성이 영원하길, 그리고 그들이 광인들의 배, 카니발 등에 새로 승선하기를. 대타자는 이 정도까지 확대되거나 축하받은 적이 없다. 다른 문화, 대타자의 마음, 여성적인 뇌, 여성적 글쓰기 등 우리는 지난 세기 동안 대타자와 관련된 모든 것을 알고 있다.

주체가 되는 능력을 획득하기도 전에 잃어버림으로써 그들을 더욱더 힘없이 만드는 방식에 억압받는 자를 방치하여서 이익을 얻은 자가 누구인지, 나는 모른다. 나는 우리가 가진 것만을 포기할 수 있다고 말할 것이다. 그리고 나는 지배자의 대변인들을 연이어 멀리 보낼 수 있어서 기쁘다. 그들이 유일자 쪽에서 왔든, 대타자 쪽에서 왔든 상관없이.

순진함, 순결함, 의심 부족, 모든 것은 흑과 백이라는 확신, 이성은 주권이 아니며 비이성이나 어리석음이 우세하다는 확신, 존재가 있는 곳에는 일종의 쓰레기인 비존재도 있다는 믿음, 그리고 모든 것 중 가장 터무니없음, 이 증거와 확실성들을 지지하고, 변호하는 반응의 필요와 필요성, 대조적으로 루이스 캐롤의 트위들덤과 트위들디에게 반응하는 모든 것을 뒤집는 '차이에 대한 권리'(차이의 권리), 이것들은 내가 한때 격분해서 이성애적 사유라고 불렀던 모든 증상이다. 성(젠더), 성별 차이, 남성, 여성, 인종, 흑인, 백인, 자연은 범주의 핵심에 있다. 그리고 그들은 우리의 개념, 법, 제도, 역사, 문화를 만든다.

그들은 이 이중 범위의 비유를 읽을 때 모든 것에 대답한다고 생각한다. 그리고 마치 지배와 아무 관련이 없는 다른 차원을 이야기하는 것처럼, 그들은 상징 질서가 있다는 우리의 분석에 반대한다. 아, 상징 질서는 같은 현실을 정치적이고 경제적인 질서로서 취한다. 그들의 현실에는 연속체가 있다. 그리고 그 연속체는 물질성에 추상화를 부여하고 그것이 억압하는 자들의 마음뿐 아니라 신체를 만들 수 있다.

관점: 보편적인 혹은 특수한?

(1980)

나는 여기에 글과 언어에 대한 많은 논의를 모았다. 내가 주나 반스의 《스필웨이*Spillway*》를 번역하는 동안 쓴 것들로, 주나 반스의 작품과 나 자신의 작품과 관련된 논의들이다.

1

'여성적 글쓰기'가 없다는 것은 주변부에서 말해져야만 한다. 그리고 이 표현을 통용하거나 사용하는 것은 실수를 저지르는 일이다. '여성적 글쓰기'에서 이 '여성적'은 무슨 의미인가? 이것은 여성을 상징한다. 그러므로 신화, 여성 신화를 실천하면서 나타난다. '여성'은 글쓰기와 협력할 수 없다. 왜냐하면 '여성'은 상상적 형태이고 구체적인 현실이 아니기 때문이다. 적에 의해 만들어진 오래된 낙인은 오늘날 전투에서 재발견되고 넝마가 된 승리의 깃발처럼 번창했다. '여성적 글쓰기'는 여성 지배의 잔인한 정치적 사실에 대한 자연화된 비유다. 그리고 보통 그것은 '여성성'이 스스로를 재현하는 장치(apparatus)를 확장한다. 즉 차이, 구체성, 여성 신체/자연. 인접한 위치를 통해서, '글쓰기'는 '여성적 글쓰기' 안의 비유에 포획된다. 그리고 노동이나 생산 과정으로 나타나는 데 실패한 결과, '글쓰기'와 '여성적'이라는 말은 '대문자 여성'에게 특유한, '대문자 여성'에게 자연스러운 분비를, 생물학적 생산을 지시하기 위해 조합되었다.

그러므로 '여성적 글쓰기'는 여성은 역사에 속하지 않는다거나 글쓰기는 물질 생산이 아니라는 말에 이른다. (새로운) 여성성, 여성적 글쓰기 그리고 차이에 대한 상찬은 철학과 사회과학의 위대한 범주화의 두 축인 성 범주를 질문하는 것과 깊이 관련된 정치적 경향의 반동[1]이다. 언제나처럼, 새로운 것이 나

---

1 프랑스 및 전 세계에서 여성 해방 운동의 시작은 그 자체로 성 범주에 대한 질문이었다. 그 후 급진적 페미니스트들과 레즈비언들만이 정치적이고 이론적인 단계에서 성을 범주이자 계급으로 사용하려고 시도했다. 이 질문의 이론적 측면에 대해서는 1977~1980년 사이의 《페미니즘의 질문》을 보라.

타날 때, 그것은 즉시 해석되고 정반대로 바뀐다. 여성적 글쓰기는 가정기술과 요리 같은 것이다.

2

젠더는 성별 사이의 정치적 대립에 대한 언어학적 색인이다. 젠더는 여기서 특이하게 사용된다. 왜냐하면 실제로 두 개의 젠더는 없기 때문이다. 젠더는 하나뿐이다. 여성. '남성'은 젠더가 아니다. 남성적인 것은 남성적인 것이 아니라 일반적인 것이다.[2] 그 결과 일반적인 것과 여성적인 것이 있다. 혹은 일반적인 것과 여성성의 표식이 있다. 나탈리 사로트(Nathalie Sarraute)[3]는 이 때문에 그녀가 쓰고 있는 것을 일반화하고 싶을 때(부분화하는 것이 아니라) 여성적 젠더를 사용할 수 없다고 말한다. 사로트에게 결정적인 것은 정확하게 구체적인 물질을 추상화하는 것이기 때문에 여성 젠더/섹스/자연 사이의 선험

---

2 Colette Guillaumin, "The Masculine: Denotations/Connotations", *Feminist Issues* 5, no. 1(Spring 1985)를 보라.

3 옮긴이 주: 나탈리 사로트(1900~1999). 전통소설이 보여 주는 줄거리와 인물 그리고 서술 방식을 부정한다는 점에서 누보로망 작가로 분류되기도 하지만 인간의 내면을 날카롭고 깊이 있게 탐구한 작품들을 통해 누보로망의 제한적 분류를 넘어서는 자기 고유의 문학적 세계를 이룩한 것으로 평가된다. 문학과지성사 작가 소개 참조. http://moonji.com/bookauth/1480/

적 유추로 인해 그녀의 작업이 가진 의미가 왜곡된다는 것이다.[4] 그로 인해 여성적인 것의 사용은 불가능하다. 일반적인 것으로서 남성적인 것만이 추상적이다. 여성적인 것은 구체적이다(언어의 성). 주나 반스는 여성적인 것을 일반화함으로써 실험을 했다. (그리고 성공했다.) (프루스트처럼 그녀는 남성과 여성 캐릭터를 묘사하는 데 아무런 차이를 두지 않았다.) 그렇게 하면서 그녀는 여성 젠더에서 '암컷 냄새'를 제거하는 데 성공했다. 보들레르가 시인 마르셀린 데보르드-발모르(Marceline Desbordes-Valmore)에 관해 쓴 표현을 빌리자면 말이다. 주나 반스는 젠더를 쓸모없는 것으로 만들어서 젠더를 상쇄했다. 나는 젠더를 억제할 필요가 있다는 것을 알았다. 그것이 레즈비언의 시점이다.

3

기호화된 19세기 담론은 우리 시대의 텍스트적 현실을 포화 상태에 빠뜨렸다. 그래서 "의심 많은 천재는 그 장면에 나타난다." 그래서, "우리는 이제 의심의 시대로 진입했다."[5] '대문자 남성'은 그가 겨우 담론의 주체로 인정받을 수 있을 정도

---

4 Nathalie Sarraute, *The Age of Suspicion*(New York: George Braziller, 1963), p. 57.
5 위의 책.

로까지 기반을 잃었다. 오늘날 그들은 묻는다. 그 주체는 무엇인가? 의미의 명명에 문제 제기하는 데 실패하면서, 소위 소수자 작가에게는 특권화된 문학의 (전투) 장에 들어갈 자리가 있다. 그리고 그곳에서 주체를 구성하려는 시도는 서로 만난다. 우리가 알고 있듯이 프루스트 이래로 문학 실험은 주체를 밝은 데로 데려오려고 했다. 이 실험은 궁극적으로 주체적인 실천, 곧 인식 주체의 실천이다. 프루스트 이래, 주체는 한 번도 같지 않았다. 《잃어버린 시간을 찾아서》를 통해서 그는 '동성애'를 일반화할 수 있는 범주에 포함시켰다. 소수자 주체는 이성애 주체처럼 자기중심적이지 않다. 공간의 확장은 파스칼의 원처럼 묘사되었다. 그 중심은 어디에나 있고, 원 둘레는 어디에도 없다. 이것이 주나 반스가 그녀의 텍스트에 접근하는 방식을 설명한다. 텍스트를 읽을 때, 내가 곁눈질−하는−통찰력이라고 부르는 것에 비교할 만한 효과를 생산하는 항상적 이동. 한 단어 한 단어, 텍스트는 반스가 그녀의 캐릭터들로 묘사하는 '낯설게 하기'의 표식을 지닌다.

4

　모든 소수자 작가는(소수자임을 의식하는 작가는) 문학에 비스듬하게 진입한다. 동시대를 선점하고 있는 문학에서 중요한 문제는 그들의 관점에 의해 구획된다. 그들은 이성애자 작가들만큼 형태 문제에 열정적이다. 그러나 또한 소수자들의 주제—"숨겨진 이름을 부르는", "그 이름을 감히 부를 수 없는", 쓰여 있지 않음에도 어디서나 찾아내는—에 마음과 영혼을 휩쓸릴 수밖에 없다. 동성애 관련 주제를 포함한 텍스트를 쓰는 것은 도박이다. 그것은 매번 문학 작품을 창조하기를 원하는 작가의 의도에 반해, 주제인 공식적 요소가 의미를 과잉 결정하거나 전체 의미를 독점하리라는 위험을 감수한다. 그러므로 그런 주제를 채택하는 텍스트는 그 일부가 전체로 여겨지는 것을, 구성적 요소 일부가 전체 텍스트로 여겨지는 것을, 그리고 책이 상징, 선언문이 되는 것을 본다. 이런 일이 발생할 때, 텍스트는 문학적 단계에서 작동하지 못한다. 그것은 다른 텍스트들과 동등하게 취급되지 않는다는 의미에서, 무시당할 것이다. 그것은 사회적 주제에 바쳐진 텍스트가 될 것이고, 사회적 문제에 대한 관심을 끌어들일 것이다. 이런 일이 발생할 때, 이 텍스트는 그것이 기입되어 있는 텍스트적 현실을 바꾸겠다는 본래의 목적으로부터 멀어진다. 그런 주제로 인해 책은 텍스트적 현실로부터 묵살된다. 그 책은 더는 접근될 수 없으며, 금지되고[종종 조용한 조치에 의해 혹은 재판(再版)에 실패하면서], 더는 과거 혹은 현재의 텍스트들과의 관계 안에서 작동되지 않는다. 그것은 동성애자들에게만 흥미롭다. 상징으로 여겨지거나 정치적 그룹에 의해 채택되면, 텍스트는 그 다의성을 잃고, 한 가지 의미만 갖게 된다. 이 의미의 상실과 텍스트적 현실에 대한 이해 부족은 책이 할 수 있는 유일한 정치적인 행동을, 즉 책이 체현한 문학의 방식으로 시대를 텍스트적으로 조직하는 것을 완수할 수 없게 한다. 의심할 바 없이, 주나 반스는 이 이유로 레즈비언들이 자신을 그녀들의 작가로 만드는 것을, 그리고 그렇게 함으로써 그녀들이 자신의 작품을 일차원으로 축소시킬 것을 두려워했다. 주나 반스가 레즈비언들에게 최초로 그리고 널리 읽혔을지라도, 그녀를 레즈비언 소수자로 환원하거나 제한해서는 안 된다. 이것은 그녀를 위한 것이 아닐 뿐 아니라 우리를 위한 것도 아니다. 반스의 작품이 문학 안에 있는 것이, 그녀와 우리를 위해서 더 좋기 때문이다.

5

존재 방식과 문학 현실에 기입된 방식 모두에서 가장 위대한 전략적인 중요성을 가진 텍스트가 있다. 반스의 작품들

이다. 이런 관점에서, 하나의 고유한 텍스트인 반스의 작품
《라이더 *Ryder*》, 《레이디즈 앨머내크 *Ladies Almanack*》, 《스필웨
이 *Spillway*》 그리고 《나이트우드 *Nightwood*》는 일치와 변주에 의
해 연결되어 있다. 반스의 텍스트는 그들의 존재 자체를 다룬
작품이라는 면에서 또한 고유하다. 이 텍스트는 그 전에는 아
무것도 없었던 곳에서 폭탄처럼 폭발한다. 그래서 말 그대로
반스의 텍스트는 모든 것에 대해 작동하고, 노동하는 자신만
의 맥락을 만들어 내야 한다. 소수자 작가의 텍스트는 소수자
의 관점을 보편적인 것으로 만드는 데 성공할 때만, 중요한 문
학 텍스트여야만 유효하다. 《잃어버린 시간을 찾아서》는 동성
애가 책의 주제임에도 **불구하고** 프랑스 문학의 기념비다. 반스
의 작품은 그녀의 주요 주제가 레즈비어니즘임에도 **불구하고**
중요하다. 한편으로 이 두 작가의 작업은 모든 중요한 문학
작품이 그런 것처럼 우리 시대의 텍스트적 현실을 변형한다.
그러나 소수자의 작업으로서 그들의 텍스트는 소수자의 존재
를 승인하는 것에서부터 그들 집단의 사회학적 현실의 범위까
지 범주화의 관점을 바꾼다. 반스와 프루스트 이전에 동성애
자와 레즈비언 캐릭터가 일반적인 문학의 주제로 선택되어진
적이 있는가? 사포[6]와 반스의 《레이디즈 앨머내크》, 《나이트우

드》사이에 어떤 문학 작품이 있었나? 없다.

6

누군가 소수자의 관점에서 주나 반스를 살펴본다면, 그의 고유한 맥락은 프루스트의 작품이었다. 그녀도 《레이디즈 앨머내크》에서 프루스트를 언급하고 있다. 우리의 프루스트는 (거트루드 스타인이 아니라) 주나 반스다. 프루스트의 작업과 주나 반스의 작업은 다른 대우를 받았다. 프루스트는 고전이 될 때까지 더욱더 크게 성공했다. 반스는 번개 섬광처럼 나타났다가 사라졌다. 반스의 작업은 거의 알려지지 않았으며, 프랑스에서는 인정받지 못했다. 미국에서도 마찬가지다. 누군가는 반스가 프루스트보다 전략적으로 더 중요하지 않다고 말할지도 모른다. 그렇기 때문에 항상 사라질 위험이 있다고 말이다. 사포 또한 사라졌다. 그러나 플라톤은 아니다. 여기서 누구나 중요한 것을 분명히 알 수 있다. 하지만 주나 반스가 혐오하는 "그 이름을 감히 말할 수 없다." 프랑스 소설가 시도니-가브리엘 콜레트(Sidonie-Gabrielle Colette)는 소돔은 강력

---

6 Sappho, Book IX, pp. 110~111.

하고 영구적이지만, 고모라는 존재하지 않는다고 말했다.《레이디즈 앨머내크》,《나이트우드》,《스필웨이》에 실린 〈캐세이션 cassation〉과 〈더 그랜드 말래드 The Grand Malade〉에 등장하는 고모라는 콜레트의 부정에 대한 빛나는 반증이다. "높이 들어라 지붕 기둥, 목수,/여기 레즈비언 시인이 간다,/낯선 경쟁자들을 넘어서서/"

반스는 일반적으로 지속하기 위해 힘든 투쟁을 한다. 한 걸음씩, 한 단어씩 그녀는 나타나면 사라지게만 하려는 세계에서 자신만의 맥락을 창조한다. 그 전투는 힘들다. 왜냐하면 그녀는 두 전선에서 싸워야 하기 때문이다. 공식적 층위에서는 문학사에서 당시 논쟁 중이었던 질문들이고, 개념적인 층위에서는 말할 필요도 없이 이성애적 사유에 대항하는 것이다.

7

글자라는 단어를 일반적으로 불리는 기표로, 의미를 기의로 사용해 보자. (글자와 의미의 조합인 기호) 글자와 의미를 기표와 기의로 사용하는 것은 우리가 기호의 어휘에서 너무 빨리 관계항의 간섭을 피할 수 있도록 해 준다. (글자와 의미가 언어 측면에서 그 기호 자체를 설명하는 데 반해, 기의와 기표는 언급된 현실에 대한 기호를 설명한다.) 언어에서 의미만이 추상적이다. 문학적 실험에서 글자와 의미 사이에 평형이 있을 수 있다. 글자를 위해 의미를 제거할 수도 있거나('순수' 문학 실험) 맨 먼저 의미를 생산할 수도 있다. 롤랑 바르트가 지적했듯, '순수' 문학 실험의 경우에도 특정한 의미들은 의미가 글자를 만들고, 기표가 기의가 되는 정도까지 중층 결정되는 경우가 발생한다. 작가가 무엇을 하든 말이다. 소수자 작가들은 형식 실험을 시도할 때에도 그 의미로 인해 위협당한다. 그들을 위한 것은 오직 그들 작업 주제. 형식적 요소는 이성애자 독자들을 위해 오직 의미로서 그 자체를 고안한다. 그러나 이는 글자와 의미 사이, 기표와 기의 사이의 위치는 언어의 해부학적 설명 외에 존재의 의미가 없기 때문이기도 하다. 언어 실천에서 글자와 의미는 따로 작동하지 않는다. 그리고 작가의 실천은 글자와 의미를 끊임없이 재활성화하는 것으로 구성된다. 글자처럼 의미는 사라지기 때문이다. 끝없이.

8

작가에게 언어는 특별한 재료다. (화가나 음악가와 비교할 때) 무엇보다도 언어는 예술을 생산하고 형태를 발견하는 것보다는 다른 식으로 사용되기 때문이다. 모두가 언제나 언어를 사용한다. 언어는 말하기와 의사소통에 사용된다. 언어는 장소이고 수단이고, 의미에 빛을 가져다주는 매개체이기 때문에 특별한 재료다. 그러나 의미는 언어를 시야로부터 숨긴다. 언어는 에드거 앨런 포의 〈도둑맞은 편지〉처럼, 전혀 보이지 않지만 항상 거기에 있다. 우리가 알기로 사람은 오직 의미만 듣는다. 그렇다면 의미는 언어가 아닌가? 그렇다. 그것은 언어다. 하지만 그 가시적이고 물질적인 형태 측면에서, 언어는 형식이고, 언어는 글자다. 의미는 언어 밖에서 나타나는 것처럼 보이지 않는다. (누군가 '내용'을 말할 때, 지시 대상과 종종 혼동되곤 한다.)

실제로 의미는 언어다. 하지만 추상적이기 때문에 보이지 않는다.

그럼에도 불구하고 최근 언어 사용에서 사람들은 **오직** 의미만을 보고 듣는다. 언어는 매우 추상적인 작업이라서 매번 의미 생산에서 그 형태가 사라지기 때문이다. 언어가 형태를 취할 때, 문학적 의미를 잃기 때문이다. 언어는 형상적 의미, 발화의 의미를 형성하는 동안 스스로를 배가하면서 언어로서 추상적으로 다시 나타날 수 있다. 이것이 작가들의 일이다. 스스로를 언어, 그 구체적이고 가시적인 언어, 즉 물질적 형태에 관계시키는 것이다. 언어가 물질로 여겨지던 때 이래로, 작가들은 한 단어씩 작업해 왔다. 단어와 글자 층위에서의 작가들은 단어의 조합을 새롭게 활성화했고, 오롯한 의미를 부여했다. 실천적 측면에서 이 작업은 하나 이상의 의미, 즉 다의성을 가져왔다.

그러나 작가로서 실천 층위에서 무엇을 하겠다고 선택하든, 개념적 층위에 오면 다른 방법이 없다. 적어도 문학이 되기 위해서는 특수하고 보편적인 시점 모두를 가정해야만 한다. 개인적이거나 구체적인 시점에서 출발하더라도 일반적인 것에 도달하도록 노력해야 한다. 이것은 이성애자 작가들에게 진리(true)다. 그러나 소수자 작가들에게도 마찬가지다.

트로이 목마

(1984)

처음에 트로이 사람들은 괴상하고 거대하며 야만적인 목마를 낯설어했다. 목마는 산처럼 하늘을 향해 뻗어 있었다. 그러다 그들은 조금씩 목마와 비슷한 친숙한 형식들을 발견했다. 트로이인들에겐 이미 한데 모여 말을 만들어 내는, 때로는 모순적인 많은 형식, 다양한 형식이 있었다. 그들에겐 오랜 문화가 있었기 때문이다. 그리스인들에 의해 만들어진 목마는 의심의 여지없이 또한 트로이인들을 위한 것이었다. 그들은 여전히 목마를 불안한 것으로 간주했지만 말이다. 크기도 야만적이었지만, 형태 역시 베르길리우스가 말하듯 그들에겐 너무 날것이었고, 너무 여성적이었다. 하지만 나중에 트로이인들은 분명한 단순함에 매료됐는데, 그들은 그것을 세련되었다고 생각하게 됐다. 이제 그들은 처음에 지독한 조악함 속에 숨겨져 있던 모든 정교함을 보게 됐다. 그들은 전에 형식이 없다고 간주했던 작품을 강력하고, 힘 있는 것으로 보게 됐다. 그들은 목마를 자신들의 것으로 만들고, 기념물로 차용해 성 안으로 들이고 싶어 했다. 오직 그 자체에서만 목적을 찾을 수 있는, 다른 데에는 쓸모없는(gratuitous) 대상으로 말이다. 하지만 이게 전쟁 기계라면 어떨까?

어떤 중요한 문학 작품이든 그것이 만들어질 때는 트로이 목마와 같다. 어떤 새로운 형식의 작품이든 그 설계와 목적이 오래된 형식들과 형식적인 관습들을 부수기 때문에 전쟁 기계로 작동한다. 이는 항상 적대적인 영토에서 만들어진다. 그리고 낯설고, 관행에 어긋나고, 융화되기 어려워 보일수록 트로이 목마가 수용되기까지 걸리는 시간은 더 길어진다. 결국 이것은 받아들여지고, 느리게라도 결국에는 내 것처럼 작동하게 된다. 모두가 익숙한 오래된 문학의 형식들은 결국에는 낡은 것으로, 비효율적인 것으로, 변화할 능력이 없는 것으로 드러난다.

내가 문학 작품이 그 시대의 전쟁 기계로 작동할 가능성이 상당히 크다고 말했을 때 내가 얘기한 것은 참여문학이 아니었다. 참여문학과 **여성적 글쓰기**는 신화적인 형성물이고, 바르트가 부여한 의미에서의 신화로 기능한다는 공통점을 갖고 있다. 그 결과 실제와 언어에 있어서 같은 종류의 관계가 아닌 문학 텍스트와 그 의미를 합쳐 버림으로써 사람들이 제대로 보지 못하게 한다. 나는 윤리적 이성의 이름으로 말하는 게 아니다. (예를 들어, 문학은 참여에 굴종해서는 안 된다. 만약 작가가 대표하거나 그들을 위해서 말한다고 하는 집단이 더는 피억압자가 아니라면, 작가에게는 무슨 일이 생길 것인가? 그러면 작가는 더는 말할 게 없어지게 될까? 아니면 작가의 작품이 그 집단으로부터 금지되면 어떻게 될까?) 이 질문은 윤리적이지 않지만 실용적인 것이다. 누군가 문학에 대해 말한다면, 실행되는 모든 요소를 고려해야 한다. 문학적 작업은 역사, 정치학, 이데올로기에 의해 직접적으로 영향받을 수 없다. 이 두 영역은 사회적 말뭉치에서 다르게 작용하고 언어를 다르게 사용하는 기호들의 평행 구조에 속하기 때문이다.

나는 언어에서 그 주요한 성격이 완전히 이종적인 일련의 현상을 본다. 환원 불가능한 첫 번째 이질성은 언어와 언어의 실제에 대한 관계다. 여기서 내 주제는 역사, 예술, 이데올로기, 정치와 같은 언어를 포함한 사회적 현상의 이질성이다. 우리는 종종 우리의 문학적 이상에 들어맞도록 문학을 강제한다. 만약 내가 문학과 사회적 현실을 분리해서 다룬다면 나는 **참여문학**이란 표현 속에서 본질적으로 다른 현상들이 합쳐지는 걸 볼 수 있다. 그것들은 서로를 무화시키려는 경향이 있다. 역사에서, 정치에서, 사람들은 사회사에 의해 좌우되지만 자신의 작품 속에서 작가는 문학사에 의해, 즉 형식의 역사에 의해 좌우된다. 역사와 정치의 중심에 있는 건 사람들에 의해 구성된 사회체다. 문학의 중심에 있는 건 작품들에 의해 구성된 형식이다. 물론 사람들과 형식들은 전혀 바꿔 쓸 수 없다. 역사는 사람들에 관한 것이고, 문학은 형식들에 관한 것이다.

그렇다면 작가가 당면한 첫 번째 요소는 작품들의 거대한 집합체이다. 과거와 현재에는 사람들이 계속 잊어버리는 많은, 아주 많은 수의 작품이 있다. 근대의 비평가들과 언어학자들은 지금까지 많은 영역을 다뤘고, 문학 형식들이라는 주제를 명료화했다. 나는 러시아 형식주의자들, 누보로망 작가들, 바르트, 제라르 주네트(Gérard Genette), 텔켈 그룹[1]의 텍스트들이 생각난다. 나는 미국 비평계의 상황에 대해서는 잘 모르지만 에드거 앨런 포, 헨리 제임스 그리고 거트루드 스타인이 문학의 형식에 관해서 글을 썼다.[2] 하지만 사실 한 사람의 작업에서 작가는 오직 두 가지 선택지밖에 없다. 현재의 형식들을 재생산하거나, 새로운 형식들을 만들거나. 다른 선택지는 없다. 프랑스에서 사로트, 미국에서 스타인만큼 이 주제에 관해 분명하게 말한 작가는 없다.

작가들이 당면한 두 번째 요소는 원재료인 언어다. 언어는 현실 재현과 현실 생산이라는 두 측면이 섞여 있는 이질적인 현상이다. 트로이 목마를 차원이 있는 형식의 일부로 다루면, 이것은 물질적인 대상인 동시에 형식이 될 것이다. 하지만 이는 정확히 글쓰기에서 트로이 목마가 무엇인가를 보여 준다. 오직 조금 더 내밀한 방식일 뿐, 사용된 재료는 언어이지만, 이미 형식이고 또한 물질이기 때문이다. 글쓰기에서 말(words)은 모든 것이다. 많은 작가가 이렇게 말하고, 반복했다. 많은 이가 지금 이 순간에도 그렇게 말하고 있고, 나도 그렇게 말

---

1   옮긴이 주: 1960년 프랑스의 전위적인 문학 계간지 《텔켈 *Tel Quel*》과 관련을 맺고 문단 및 학계에서 포스트구조주의자로서 활동한 일단의 프랑스 지식인들을 이른다. 두산백과 참조.

2   Gertrude Stein, *How to Write*(New York: Dover, 1975).

한다. 말은 글쓰기에서 모든 것이라고. 누군가 글을 쓰지 못할 때 이는 우리가 종종 말하듯이 그가 생각을 표현하지 못하는 게 아니다. 조각가가 점토를 사용하는 것처럼 작가는 말을 원재료로 쓴다. 말은 그 각각이 트로이 목마와 같다. 그것들은 사물이고, 물질적인 사물이고, 동시에 무언가를 의미한다. 그리고 그것들이 무언가를 의미하기 때문에 그것들은 추상물(abstract)이다. 말은 추상과 구체가 응축된 것이고, 이런 점에서 말은 예술을 창조하는 데 사용되는 모든 매개와 완전히 다르다. 색깔, 돌, 점토는 의미가 없다. 소리는 음악에서 의미가 없다. 매우 자주, 가장 빈번히 누구도 그것들이 형태로 만들어졌을 때 가지게 될 의미에 대해서 신경 쓰지 않는다. 사람들은 의미가 흥미롭기를 기대하지 않는다. 어떤 의미라도 가질 거라고 기대하지 않는다. 그럼에도 불구하고 무언가가 쓰여지면 그것은 의미를 가져야 한다. 심지어 시에서도 의미는 기대된다. 화가, 조각가, 음악가와 같이 작가는 작품을 시작하려면 원재료가 필요하다.

원재료로서 언어의 문제는 무익한 게 아니다. 역사와 정치에서 언어를 다루는 방법이 어떻게 다른지를 명확히 알 수 있기 때문이다. 역사와 정치에서 말은 관습적인 의미로 이해된다. 말은 오직 의미로만 이해되는데, 그것은 더 추상적인 형태다. 문학에서 말은 그들의 물질성 속에서 독해되도록 주어진다. 하지만 반드시 이해해야 할 것은 이러한 결과를 얻기 위해 작가는 반드시 첫째로 언어를 중립적인 물질, 즉 원재료로 만들기 위해 가능한 한 의미가 없게 축소시켜야 한다. (이는 완성된 작품이 의미가 없다는 것을 뜻하지 않는다. 그 대신 의미는 형식으로부터, 작업을 거친 단어들로부터 온다는 것을 뜻한다.) 말을 이용해서, 말에 작업을 할 수 있기 위해서 작가는 반드시 모든 말을 취해서 이들의 일상적인 의미를 빼앗아야 한다. 러시아 형식주의자인 쉬클롭스키(Shklovsky)는 사람들은 그들을 둘러싼 다른 대상들, 나무들, 구름들, 집들을 보지 말아야 한다고 말하곤 했다. 사람들은 진정으로 그것들을 보지 않고 그저 인식할 뿐이다. 그는 작가의 임무는 일상적 인식과 반대되는 의미에서 사물에 대한 강력한 첫인상을 재-창조하는 것이라고 말했다. 하지만 그는 작가가 재-창조하는 것이 시각이라고 한 점에서 틀렸다. 그것은 사물에 대한 시각이 아니라 말에 대한 강력한 첫인상이다. 작가로서 나는 내 모든 말이 독자에게 마치 그들이 처음으로 읽히는 것처럼 동일한 효과를, 동일한 충격을 준다면, 완전히 만족할 것이다. 이게 내가 말로 한 방 먹인다고 하는 것이다. 독자로서 내게 어떤 작가들은 이런 충격을 주고, 이것이 내가 항상 말에서 일어나는 일을 이해하는 방식이다.

내가 말하는 건 문학에서 말의 충격이 그들이 촉진하기로 돼 있는 이념들에서 나오는 게 아니라는 거다. 작가가 첫째로 다루는 것은 어떤 방식으로 반드시 조작돼야 하는 견고한 물체(body)이기 때문이다. 다시 우리의 목마로 돌아가자. 누군가 완벽한 전쟁 기계를 만들고 싶다면, 그는 반드시 사실들, 행위들, 이념들이 직접적으로 말에 형식을 지시할 수 있다는 망상으로부터 벗어나야만 한다. 우회로가 있고, 말의 충격은 단어들이 연결되고, 배치되고, 배열되고 또한 단어들 각자가 분리되어 사용됨으로써 생산된다. 물질을 무언가 다른 것, 생산품으로 만드는 작업을 하듯이 단어들을 작업하는 것이다. 우회는 작업이다. 문학에서 이러한 우회를 피할 방법은 없고, 우회는 문학의 전부이다.

나는 역사는 인간과 관련이 있고 문학은 형식과 관련이 있다고 말했다. 하지만 분과로서 역사는 다른 모든 분과와 마찬가지로 의사소통, 쓰기, 읽기, 이해, 학습에서 언어를 사용한다. 역사, 이데올로기 그리고 정치는 그들이 사용하는 매체에 질문을 던지지 않는다. 그들의 영역은 현재 언어로부터 떨어져 있고, 마음에서 직접적으로 나오는 걸로 간주되는 사상들의 영역이다. 이러한 분과들은 여전히 몸과 영혼이라는 고전적인 분할에 기초하고 있다. 심지어 마르크스주의, 포스트마르크스주의 전통에서도 한편으로는 경제적 질서, 물질적 질서가 존재하고, 다른 한편으로는 '상부 구조'로 간주되는 이념과 정치가 존재한다. 그들은 언어를 권력의 직접적인 행사로 검토하지 않는다. 이러한 개념 속에서 언어는 예술과 함께 그들이 상부 구조라 부르는 것의 일부이다. 둘 다 이데올로기에 포함되고, 그 자체로서 그저 지배계급의 '사상들'을 표현한다. 이데올로기와 예술의 영역 모두에서 언어가 작동하는 방식을 재검토하지 않으면 우리는 여전히 마르크스주의자들이 정확하게 '관념론'이라고 부르는 것에 남아 있게 된다. 형식과 내용은 몸/영혼의 분리와 상응하고, 이는 언어의 단어들과 또한 그 집합체, 그러니까 문학 작품들에 적용된다. 언어학자들은 기표와 기의를 얘기하는데 이것도 같은 구별이다.

그래도 말은 문학을 통해 우리에게 다시 완전한 것으로 돌아온다. 그러면 우리는 문학을 통해 다른 모든 영역에서도 유용할 뭔가를 배울 수 있다. 말에서 형식과 내용은 분리될 수 없다. 그들은 같은 형식, 단어 형식, 물질적 형식을 취하기 때문이다.

전쟁 기계의 지연된 효과와 관련된 최고의 예는 프루스트의 작업이다. 처음에는 모두 《잃어버린 시간을 찾아서》를 파리의 상류 사회에 대한 실화 소설이자 상세한 묘사일 뿐이라고 생각했다. 교양 있는 사람들은 몹시 열정적으로 이 캐릭터들에 이름을 붙이려 시도했다. 그러고 나서 두 번째 단계에서 그들은 여성들과 남성들의 이름을 바꿔야 했는데, 이 책에 나오는 여성의 대부분이 현실에서는 남성들이었기 때문이다. 따라서 그들은 상당수의 캐릭터가 동성애자라는 사실을 받아들여야 했다. 이름이 실제 인물들의 암호(code)였기 때문에 그들은 겉보기에는 정상적인 세상을 돌아봐야 했다. 그들 중 누가 동성애자인지, 얼마나 많은 이가 동성애자인지, 아니면 그들이 전부 그런지 궁금해하면서 말이다. 소설의 마지막에서 이 궁금증은 해소된다. 프루스트는 '실제' 세상을 동성애자뿐인 세계로 바꾸는 데 성공했다. 이 책은 대사관에 거주하는, 라신의 희곡에 나오는 에스데르 여왕을 모시는 시녀들같이 지도자 주위에 떼 지어 몰려드는 젊은 남성들의 무리로 시작한다. 그런 다음 공작들, 왕자들, 기혼 남성, 노예, 운전기사 그리고 상인들이 나온다. 모두가 동성애자가 된다. 심지어 몇몇 레즈비언도 있다. 콜레트는 프루스트가 고모라를 들여다봤다고 비판했다. 숙녀들이 원하는 남성의 우아한 전형인 생-루프 역시 게이로 드러난다. 마지막 부분에서 프루스트는 전체 작품의 설계를 묘사하며 그에게 집필이란 특정한 주체를 만드는 것, 즉 주체의 구성임을 보여 줬다. 따라서 캐릭터와 주어진 순간에 대한 묘사가 여러 겹으로 준비되었다. 문학사상 처음으로, 조금씩, 주체를 동성애자로 만들기 위해서다. 《잃어버린 시간을 찾아서》에서 승리의 노래는 샤를뤼스 또한 구원한다.

나는 문학에서 역사는 개인적이고, 주체적인 수준에서 개입하고, 작가의 특정한 관점에서 스스로를 드러낸다고 믿는다. 그렇다면 이러한 관점을 보편화하는 것이 작가의 임무 중 가장 중요하고, 전략적인 부분이다. 하지만 문학 작품을 이끌어 나가기 위해 작가가 반드시 온건할 필요는 없고, 게이이거나 다른 무언가라는 것만으로는 충분하지 않다는 걸 알아야 한다. 현실은 의식에서 책으로 직접적으로 이동할 수 없기 때문이다. 소수자 각각의 관점을 보편화하는 것은 역사에 열려 있을 수 있는 작품의 국제적인 형식뿐만 아니라 주제나 내러티브의 주체와 같은 형식적인 요소들에 대한 특정한 관심을 요구한다. 문학 작품을 전쟁 기계로 전환시킬 수 있는 것은 보편적 관점을 시도하는 것이다.

8

젠더의 표식
(1985)

1

　문법학자에 따르면 젠더의 표식은 명사와 관련된다. 그들은 기능의 관점에서 얘기한다. 만약 그들이 의미를 묻는다면, 그들은 젠더를 '가공의 성'이라며 농담할지도 모른다. 프랑스어와 비교할 때 영어는 거의 젠더가 없다는 평판이 있다. 반면 프랑스어는 매우 젠더화된 언어로 통한다. 엄밀히 말해 영어는 생명이 없는 대상, 사물, 비인간적 존재들에 젠더의 표식을 적용하지 않는 것이 사실이다. 하지만 사람이라는 범주와 관련해서는 두 언어 모두 같은 정도로 젠더를 담지하고 있다. 두 언어 모두 실제로 언어 속에서 존재를 성별로 나누는 원시적인 존재론적 개념에 굴복한다. 명사들의 '가공의 성' 혹은 그들의 중성화된 젠더는 그저 성별을 나누는 이 제일 원칙의 돌발적인 전개들일 뿐이며, 그런 것들은 상대적으로 해롭지 않다.

영어와 프랑스어에서 젠더를 동일하게 표시하는 것은 인칭 차원에서 발생한다. 이는 문법학자들과만 관련 있는 게 아니라, 어휘적 표시이기도 하다. 존재의 본질을 다루는 존재론적 개념으로서 같은 계열에 속하는 다른 원시적인 개념들의 전체 성운과 함께, 젠더는 주로 철학에 속하는 것처럼 보인다. 젠더의 **존재 이유**(*raison d'être*)는 문법적으로 문제 제기 당한 적이 없다. 젠더의 역할은 형식과 기능을 묘사하는 것이지, 그것들을 정당화하는 것이 아니다. 하지만 철학에서는 더는 의문이 제기되지 않는다. 왜냐하면 젠더는 그것이 없으면 철학자들이 일련의 논증을 전개할 수 없다고 믿는 자연스러운 생각, 사회적 질서에 앞서 존재하기 때문에 말할 필요도 없는 자명한 개념체에 속하기 때문이다. 그들은 젠더를 '자연적 존재들'의 어휘적 대표, 그 상징으로 부른다. 젠더의 개념이 겉보기처럼 위험하지 않다는 것을 인지한 미국의 페미니스트들은 젠더를 사회적 범주로 사용하며 이 개념은 자연적인 게 아니라는 것을 분명히 했다. 성은 인공적으로 정치적 범주, 억압의 범주로 구성

됐기 때문이다. 그들은 젠더라는 용어를 문법으로부터 끌어내 성의 개념에 덧붙이는 경향이 있다. **젠더**가 성별에 대한 정치적 억압과 여성에 대한 지배의 언어적 지표인 한에서는 그들이 옳았다. 성과 같은 방식으로, 남자, 여자, 젠더 개념은 이성애라는 사회적 계약에 대한 정치적 담론에서 중요하다.

현대 이론에서도, 심지어 배타적으로 언어에만 관련된 분과들의 가정에서도 우리는 구체적인 세계와 추상적인 세계의 고전적인 분할 속에 남아 있다. 물리적 또는 사회적인 현실과 언어는 분리돼 있다. 추상, 상징들, 기호들은 실제에 속하지 않는다. 한편에는 실제, 지시되는 것이 있고, 다른 쪽에는 언어가 있다. 언어에 대한 관계가 기능이기만 하고 변형의 관계는 아닌 것처럼 말이다. 때로 심지어 특정한 비평적 작업들에서 구별 없이 사용될 정도로 기의와 지시체 사이에 혼동이 존재한다. 혹은 의미를 지원할 뿐인 지시체의 연쇄와 더불어 일련의 메시지에 대한 기의의 환원이 있다. 언어학자 중 동시대의 러시아 형식주의자로 마침내 저작이 번역된 바흐친은 언어에 엄격하게 유물론적으로 접근하는 유일한 사람이다. 사회언어학에서는 이 방향에서 진전이 있었는데 주로 페미니스트들이었다.[1]

추상적인 철학적 범주들도 사회적인 것으로서 현실에서 행위한다. 언어는 사회체에 실제의 다발들을 던지고 이를 짓밟고, 폭력적으로 형태를 바꾼다. 예를 들어, 사회적 행위자들의 몸체들은 비추상적인 언어뿐 아니라 추상적인 언어에 의해서 빚어진다. 언어는 일단 실제에 의해 변형되면 원래대로 잘 돌아가지 않기 때문이다. 언어는 실제를 유지시킨다. 상데 지그에 따르면 사회적 제스처는 이러한 현상의 결과이다.[2]

그렇다면 이름을 말하지 않는 사회학적 범주인 젠더로부터 문법과 언어학을 빼내는 것이 중요하다. 또한 젠더가 언어로부터 그 사용자에게 어떻게 작용하는가에 대해 숙고하기 전에 젠더가 어떻게 언어 속에서 작동하고, 젠더가 어떻게 언어에 작용하는지에 대해 숙고하는 게 중요하다.

젠더는 다른 경우와 전혀 다르게 인칭대명사라는 언어 범주에서 발생한다. 인칭대명사는 담화의 화자를 그리고 담화에 대한 화자들의 다른, 연속적인 상황을 지시하는 유일한 언어

---

1 Colette Guillaumin, "The Question of Difference", *Feminist Issues* 2, no. 1(1982); "The Masculine: Denotations/Connotations", *Feminist Issue* 5, no. 1(Spring 1985); Nicole-Claude Mathieu, "Masculinity/Feminity", *Feminist Issues* 1, no. 1(Summer 1980); "Biological Paternity, Social Maternity", *Feminist Issues* 4, no. 1(Spring 1984).

2 Sande Zeig, "The Actor as Activator", *Feminist Issues* 5, no. 1(Spring 1985).

학적 사례다. 그래서 그들은 언어로 가는 통로이자 출입 수단이다. 그리고 바로 그런 측면, 개인을 재현한다는 측면에서 젠더가 우리의 관심을 끈다. 인칭대명사는 모든 언어에서 젠더를 고안하고, 이를 대화나 철학적 합의에서도 꽤 자연스럽게 사용하면서도, 어떠한 정당화도, 질문도 없다. 그리고 그들이 젠더 개념을 활성화하는 도구임에도 불구하고, 그들은 드러나지 않은 채 통과된다. 인칭대명사의 주격 형태에 그 자신의 젠더가 표시되지 않은 것처럼(한 경우를 제외하고), 그들은 다른 기능을 충족시키는 것처럼 보이지만, 젠더 개념을 지탱할 수 있다.

원칙적으로 대명사는 3인칭일 때만 젠더의 대립항을 표시하고 다른 인칭은 그 자체로는 젠더가 없다. 젠더는 대명사에 영향을 미치지 않지만, 구조의 일부분일 뿐 아니라 관련된 형태의 세부 사항이기도 하다. 현실에서는 담론의 화자인 '나'가 있으면, 그 즉시 젠더는 스스로 드러난다. 일종의 문법적 형태의 유예(suspension)가 있다. 화자에 대한 직접적 호명이 발생하는 것이다. 화자는 직접 불린다. 화자가 사회적인 여성일 때, 화자는 매개자 없이 적절한 성으로 대명사의 질서에 개입한다. 프랑스어에서 누군가 과거분사, 형용사와 관련해서 je('나')를 사용하면, 젠더를 표시해야 한다. 같은 종류의 의무가 없는 영어에서는 화자가 사회학적인 여성일 경우, 반드시 어떤 식으로든 일정 수의 절을 통해 그녀의 성을 공개해야 한다. 언어에서 젠더에 대한 강제는 사회적 지위에서 성의 표시와 같은 방식으로 작동한다. 젠더는 3인칭에 국한되지 않는다. 언어에서 성별의 언급은 3인칭을 위해 준비된 조치가 아니다. 젠더의 이름 아래서 성별은 언어체 전체에 스며들었고 모든 화자가 발화에서 성별을 분명히 드러내도록 한다. 즉 추상적 형태가 아니라 적절한 물리적 형태로 언어에서 나타나야 하는 것이다.

일반적이고 보편적인 추상적 형태는 소위 남성적인 젠더를 의미한다. 남성 계급은 보편적인 것을 자기 자신으로 전유했기 때문이다. 우리는 남성이 보편적인 것이 될 능력을 갖고 태어나지 않았고, 여성이 특수한 부분으로 환원된 채 태어나지 않았다는 것을 이해해야만 한다. 보편적인 것은 지속적으로 매순간 남성에 의해 전유되어 왔고, 전유되고 있다. 이것은 마법처럼 벌어지는 것이 아니라 반드시 이루어져야 하는 것이다. 이것은 한 계급이 다른 계급에 대해 저지르는 범죄적 행위다. 이것은 개념들, 철학, 정치학의 층위에서 수행되는 행위다. 그리고 여성에게 특정한 범주를 강요하는 젠더는 지배의 수단을 재현한다. 언어 사용에 있어서 젠더는 여성에게 매우 해롭다. 그러나 더 있다. 젠더는 존재론적으로 완전한 불가능성이다. 누군가 화자가 될 때, 누군가 '나'라고 말할 때, 혼자 행동하면서 모든 언어를 혼자 사용하는 엄청난 힘을 가지면서 언어를 전체로서 재전유한다.[3] 언어학자들과 철학자들에 따르면, 주체성의 궁극적 행위가, 주체성이 의식으로 출현하는 것은 바로 그때 거기다. 누군가 '나'가 되는 것은 바로 말하기 시작할 때다. 실제가 되기 위해, 언어를 통해, 발화를 통해 바로 그 주체가 되는 이 행위는 화자가 절대적인 주체라는 것을 함축한다. 상대적 주체(relative subject)는 상상할 수도 없기 때문에, 상대적 주체는 전혀 말할 수 없다. 젠더의 법은 가혹하고, 여성에게 강제적이다. 하지만 그럼에도 불구하고 그녀 스스로가 완전한 주체가 되지 않으면 그 누구도 '나'를 말할 수 없다. 성별화되지 않고, 보편적이고, 총체적인 주체 말이다. 여기에 실패하면 여성은 내가 '앵무새 말하기(노예가 자기 주인의 말을 반복하는 것)'라고 부르는 상황에 처하게 된다. 총체로서의 언어는 경험을 통해 우리 모두에게 절대적 주체가 될 수 있는 동일한 힘을 준다.

그러나 언어의 요소인 젠더는 여성에게 이 존재론적 사실을

---

3 Emile Benveniste, *Problems in General Linguistics*(Coral Gables, FL: University of Miami Press, 1971)를 참조하라.

폐기하는 방식으로, 그리고 인간에게 가장 소중한 것, 즉 주체성을 박탈하려는 항상적인 시도에 조응하는 식으로 작용한다. 젠더는 존재론적 불가능성이다. 왜냐하면 젠더는 존재의 분할을 수행하려고 시도하기 때문이다. 그러나 존재로서 존재는 나뉘지 않는다. 존재로서 신이나 인간은 하나이자 전체다. 그러므로 젠더를 통해 언어로 소개하는 이 분리된 존재는 무엇인가? 그것은 불가능한 존재, 존재하지 않는 존재, 존재론적 농담, 여성에게 권리로 속한 것을 왜곡하는 개념적 책략이다. 언어 경험을 통해 스스로를 완전한 주체로 상상하는 것이다. 젠더는 말하는 바로 그 순간에 '부인'으로서 기능한다. 그 결과 여성은 발화의 권위를 박탈당하고, 우스꽝스러운 방식으로 진입하도록 강제당한다. 스스로를 부분화하고 많이 사과하면서 말이다. 그 결과 사회체를 구성하는 추상적이고 철학적이며 정치적인 담론에 대해 아무 주장도 하지 못했다. 그러니 젠더는 타파되어야만 한다. 그 타파 가능성은 바로 그 언어 실천을 통해 주어진다. 내가 '나'라고 말할 때마다, 나는 내 관점과 내가 보편성의 소유권을 주장하는 추상화를 통해 세계를 재조직한다. 이 사실은 모든 화자에게 유효하다.

2

그러므로 정치학과 철학에서 성 범주를 타파하기, 언어(적어도 그 사용을 수정하는)에서 젠더를 타파하는 것은 작가로서 내 글쓰기 작업의 일부다. 중요한 부분이다. 이만큼 핵심적인 '수정'은 언어 전체의 변화 없이는 일어날 수 없기 때문이다. 이는 의미와 형태가 젠더에 가깝고 젠더와 관련된 단어에 영향을 미친다[관여한다(touch)]. 그러나 또한 의미와 형태가 젠더와 가장 먼 단어들에도 영향을 미친다(관여한다). 다른 타자들은 조직된 상태인 이번에는 개인 차원은 실행되고 온전한 것은 남겨지지 않는다. 단어들, 단어의 배치, 단어의 배열, 단어들 상호 간의 관계, 그 성좌 이동의 성운 전체는 대체되고, 사로잡히고, 자기 위치가 다시 확인되고, 옆으로 치워진다. 그리고 그들이 다시 나타날 때, 언어의 구조적 변화로 인해 다르게 보인다. 그들은 자신의 의미와 형태에 공격당한다. 그 소리는 다르게 들리고, 색깔은 영향을 받는다. 여기서 진짜 문제는 언어의, 그 뿌리의, 그 틀의 구조적 변화다. 그러나 언어는 경제학뿐 아니라 철학과 정치학의 병렬 작업 없이는 혼자 작용하지 않는다. 왜냐하면 여성이 젠더에 의해 언어에서 표시되는 것처럼, 언어 역시 사회에서 성별로서 표시되기 때문이다. 나는 인칭대명사

가 언어를 통해 젠더를 고안한다고 말했다. 상데 지그와 함께
쓴 《레즈비언들: 사전을 위한 재료》를 제외하면, 인칭대명사는
내 책 각 권의 주요한 주제다. 그것은 작동하는 부분이 이미
고안되어 있던 모터이며 그렇게 형태의 필요성을 창조했다.

내 첫 번째 책인 《오포포낙스 L'Opoponax》[4]는 주체, 말하는
주체, 담론의 주체, 일반적으로 말하자면 주체성에 관한 작업
이다. 나는 분리되지 않은 '나'를 복원하고 싶었으며, 언어에
서 인간 이하 범주로 격하되는 특수한 것으로 선고된 집단의
관점을 보편화하고 싶었다. 나는 어린 시절을 역사에 길이 남

---

4 '페미니스트 교양 소설'로도 일컬어지는 《오포포낙스》는 수녀원 부속학교에
   서 자란 여성의 유년 시절을 기록한다. 위티그는 여학생들 사이의 친밀성을
   드러냄으로써, 성차별적이고 이성애 중심적인 1960년대 초반 사회에 충격을
   주었다. 위티그는 교양 소설의 장르를 완전히 뒤틀어서 형식과 규범을 해체
   하는 이야기를 써 내려간다. 소녀들은 수녀들에게 뺨을 맞으면서도 규범으
   로부터의 일탈을 감행한다. 순수한 유년기라는 전형성은 이 소설에서 다 파
   괴된다. '나쁜 소녀'는 교양 소설이 전통적으로 1인칭 주인공 시점을 채택하
   는 데 반해, 《오포포낙스》는 화자와 대상을 중성적인 관계로 설정하며, 비인
   칭적 내레이션을 사용한다. '나'는 남성도, 여성도 될 수 있다. 소설 제목인
   '오포포낙스'는 향수에 사용되는 물질을 생산하는 식물 이름이다. 하지만 위
   티그에게 와서 이 사전적 정의는 다양하게 바뀐다. 이 소설에서 오포포낙스
   는 "텍스트를 추동하는 힘이고, 이름을 말할 수 없는 사랑이며, 시적 울림이
   있는 단어"가 된다. Erika Ostrovsky, "Transformation of Gender and Genre
   Paradigms in the Fiction of Monique Wittig", *On Monique Wittig*(University
   of Illinois Press, 2005), pp. 115~129 참조.

을 (이것이 나에게는 서사의 주제다) 형태적 요소로, 언어를 둘러싼 에고의 형성으로 선택했다. 포획된 주체의 저주를 풀기 위해 엄청난 노력이 필요했다. 나는 즉각적으로 성별을 넘어설, 성별에 의한 구분이 무력해지는, 그리고 협조될 수 없는 강력한 도구가 필요했다. 영어에서처럼 프랑스어에 부정대명사라 불리는 후한 대명사가 있다. 이것은 젠더에 의해 표시되지 않는 대명사, 당신이 학교에서 체계적으로 피하라고 배운 대명사로, 프랑스어에서는 on이고, 영어에서는 one이다. 실제로 이것을 사용하면 안 된다고 체계적으로 가르치기 때문에《오포포낙스》의 번역자는 애써 one을 사용하지 않았다. 누군가는 번역자를 위해 영어로는 너무 무겁게 들리고, 무겁게 보인다고 말할 것이다. 하지만, 프랑스어에서만큼은 아니다.

젠더화되거나 수치화되지 않은 대명사로, 나는 성에 의한 사회적 구분 바깥의 성격을 확인하고 그 책에서 내내 무효화했다. 문법학자들은 프랑스어에서 과거분사나 형용사가 주어 on과 관련될 때 사용된 남성적 형태가 실제로는 중성이라고 말한다. 이 중성에 따르기 마련인 질문은 사실 매우 흥미롭다. 사람(l'homme) 같은 단어에서조차 문법학자들은 선이나 악을 말할 때처럼 중성을 말하지 않는다. 그들은 남성 젠더를 말한다.

그들은 첫 번째 의미로 남성이 아니라 인류인 사람(l'homme), 인류(homo)를 전유했기 때문이다. 호모 숨(homo sum)처럼 말이다. 남성으로서 man은 오직 파생적이고 2차적인 의미다.[5]

one, on으로 돌아오자. 여기 동시에 여러 방향으로 구부러질 수 있기 때문에, 매우 다루기 쉽고 잘 부응하는 주격대명사가 있다. 우선, 이미 언급한 것처럼 one, on은 젠더가 없다. 그것은 성공적으로 일정한 사람들 혹은 모두를 한 번에 재현할 수 있으면서도 여전히 단수다. 모두, 우리, 그들, 나, 너, 사람들, 소수의 혹은 많은 사람. 그것은 스스로를 모든 종류의 인격의 대체제로 빌려 준다. 《오포포낙스》의 경우, 사람들, 모든 사람, 소수의 사람, 나(주인공의 '나', 화자의 '나' 그리고 독자의 '나') 전체를 대표했다. 말이 마법이었던, 말이 세계의 만화경에서 빛나고 다양한 색이던 어린 시절에, one, on은 누군가 야기한 의식적 혁명과 더불어 내가 방해받지 않고 언어를 사용할 수 있게 해 주는 열쇠였다. one, on은 최초의 글쓰기를, 의식에 중요

---

5   프랑스에서 여성 해방 운동의 첫 집회는 무명용사의 무덤이 있는 개선문에서 진행되었다. 피켓에 쓰인 문구 중 하나가 "두 명 중 한 명은 여성이다"였다. 집회의 목적은 무명용사의 아내(그 용사보다 훨씬 덜 알려진)를 기리는 화환을 놓는 것이었다. 이 집회는 1970년 8월 미국 여성 집회('평등을 위한 여성 파업'—옮긴이)의 도움으로 이루어졌다.

한 모든 것을 연습하는 것에 대한 묘사로 가는 통로였다. '나'를 말할 때, 화자는 전체 언어를 재전유하고 그들의 관점으로 세계를 재배치한다. 모든 화자는 one, on을 통해 독특한 경험을 한다. 나는 남성의 이름을 딴 여성 인물이 더 보편적으로 보인다는 것을 숨기지 않았다. 그런데도 내가 클로드 시몽(Claude-Eugène-Henri Simon)[6]이 한 말을 믿는다면, 보편화 시도에는 성공했다. 그는《오포포낙스》의 주요 인물인 소녀에게 일어난 일에 대해 "그녀의 눈, 입, 손, 피부를 통해서 나는 보고, 숨쉬고, 씹고, 느낀다. … 나는 어린아이가 된다"[7]고 썼다.

《게릴라들》의 축인 대명사에 대해 말하기 전에, 나는 마르크스와 엥겔스가《독일 이데올로기》에서 계급 이익에 대해 말한 것을 상기하고 싶다. 권력을 위해 싸우는 새로운 계급은 각각 자신의 목표에 도달하기 위해 그 이익을 사회 모든 구성원의 공통 이익인 것처럼 재현한다. 그리고 철학적인 영역에서 이 계급은 자신을 유일하게 합리적인 것으로, 유일하게 보편적으로 유효한 것으로 보이기 위해, 반드시 그 사고에 보편성의 형태를 부여해야 한다.

---

6   옮긴이 주: 노벨문학상을 받은 프랑스의 누보로망 작가.

7   In *L'Express*, 30 Novembre 1964.

《게릴라들》에는 영어에는 존재하지 않고, 프랑스어에서는 거의 사용되지 않는 인칭대명사인 집합적인 복수의 여성형 그녀들(elles, 영어의 they)이 있다. 반면 남성형 그들(ils, 영어의 they)은 종종 보편적인 것을 재현한다. '그들이 말한다'는 '사람들이 말한다'를 의미한다. 그들(they)이 어떤 그녀(she)도 그 가정에 포함하지 않는 것처럼, 이 일반적 그들(ils)은 그녀들(elles)을 포함하지 않는다. 누군가는 영어에서 일반적 그들(they)에 그녀(she)가 없다는 것을 벌충할 만한 가상의 여성 복수 대명사도 없는 것이 아쉽다고 할 수 있다. 그러나 그것이 존재하는데 사용되지 않는다면 좋은 점이 무엇인가? 그녀들(elles)은 일반적인 것을 상징하지 않고, 보편적인 관점의 담지자도 아니다.[8] 그러므로 보편적인 관점을 지탱할 수 있는 그녀들(elles)은 문학 혹은 다른 곳에서 참신한 것이 될 것이다.

《게릴라들》에서 나는 그녀들(elles)의 관점을 보편화하려고 노력했다. 이런 접근의 목적은 세계를 여성화하는 것이 아니라

---

8 나탈리 사로트는 그녀들(elles)을 자주 사용했다. 그러나 그녀들(elles)은 보편적인 것을 상징하기 위해서가 아니라 그녀 작업의 특성이었다. 나는 그녀가 elles을 사용하지 않았다면, elles이 나에게 그토록 강력하게 다가오지 않았으리라고 확신한다. 이것은 쥘리아 크리스테바가 '상호 텍스트성'이라고 부른 것의 예다.

성별 범주를 언어로 더는 쓸모없게 만드는 것이다. 그러므로 나는 텍스트에서 그녀들(elles)을 세계의 절대적인 주체로 만든다. 텍스트적으로 성공하기 위해, 나는 적어도 첫 두 부분에서는 그들-그(they-he)를 제거하는 것과 같은 매우 엄격한 방법을 채택할 필요가 있었다. 나는 독특한 존재감이 있는 그녀들(elles)이 있는 텍스트에 진입한 독자들에게 충격을 주길 원했다. 물론 여성 독자들에게도 마찬가지다. 여기서 다시 대명사를 주제로 채택하는 것은 책의 형태를 좌우한다. 텍스트의 주제가 전쟁이었음에도 불구하고, 이 새로운 인칭이 효과를 발휘하기 위해서 그녀들(elles)이 그들(ils)을 이끄는 텍스트의 3분의 2는 완전히 그녀들(elles)에게 사로잡혀야만 했다. 한 단어씩 그녀들(elles)은 스스로를 주권적 주체로 설립했다. 그럴 때에만 그(들), 그들-그만이 언어 밖으로 나타나고, 축소되고, 길이를 줄일 수 있었다. 그녀들이 진짜가 되기 위해서 또한 서사적 형태를 부과했다. 그리고 그 서사적 형태에서 그녀들은 세계의 완전한 주체일 뿐 아니라 지배자이다. 주권적 존재인 그녀들로부터 도출된 또 다른 결과는 서사의 연대순 시작, 즉 전쟁이 책의 세 번째에서 나타났다는 것이다. 그리고 텍스트적 시작은 사실 서사의 끝이었다. 거기서부터 책의 순환적 형태, 원의 기하학적 형태가 절차를 지시하는 **행위**(gesta)가 온다.

영어 번역자는 그녀들에 해당하는 어휘 균형이 부족하기 때문에 변화시키려는 유혹을 느낀다. 이는 시도의 효과를 파괴한다. 그녀들이 여성들로 바뀔 때, 보편화의 과정은 파괴된다. 갑자기 그녀들은 **인간**이기를 멈췄다. 우리가 '여성들'이라고 말할 때, 우리는 많은 개별 여성을 함축한다. 그러므로 내가 보편적인 것으로 의도했던 특수화하기라는 관점을 완전히 변화시킨다. 집합대명사 그녀들로 내가 착수했던 것을 잃어버릴 뿐 아니라 다른 단어가 소개되었다. 텍스트 전반에 걸쳐 강박적으로 나타나는 여성들이라는 단어, 내가 프랑스어에서 사용하지 않는다고 이전에 언급했던 젠더가 표시된 단어이다. 내게 그것은 **노예**와 같은 것이다. 그리고 사실 나는 가능할 때마다 '여성들'의 사용을 적극적으로 반대해 왔다. y나 i를 사용해서 보완하는 것(womyn이나 wimmin처럼)은 세계의 정치적 현실을 바꾸지 않는다. 누군가 nigger 대신에 nogger나 niggir를 상상하려 한다면, 그는 그 시도의 무용함을 깨달을 것이다. 그녀들을 번역할 방법이 없다는 것이 아니다. 그때 찾기는 어려웠지만, 해결책은 있다. 나는 문제가 문법적인 것임을, 그러므로 텍스트적인 것이고, 번역의 문제가 아님을 알고 있다.[9] 영어

번역의 해결책은 집합대명사 그들(they)을 남성 젠더뿐 아니라 여성 젠더에도 속하도록 정당하게 재전유하는 것이다. 그들(they)은 집합대명사일 뿐 아니라 그녀들(elles)에게는 즉각적이지 않은 보편성을 즉시 발달시킨다. 정말로, 그녀들이 보편성을 획득하기 위해, 우리는 다른 말들의 전체 행렬과 관계되고 상상력을 건드리는 변형 작업을 생산해야만 한다. **그들은** 여성적인 젠더가 동반하는 자연주의적이고 히스테릭한 성향을 취하지 않는다. **그들은** 성의 범주를 넘어갈 수 있도록 돕는다. 그러나 **그들은** 프랑스어의 짝패처럼 저절로 존재할 때만, 내 설계에 효과적이다. 그들을 사용할 때만 텍스트는 그 힘과 낯섦을 다시 얻을 수 있을 것이다. 책이 결말로 시작한다는 것과 그 결말이 연대기적 순서라는 사실은 예상치 못한 **그들의** 정체성으로 인해 텍스트적으로 정당화된다. 3장의 전쟁 부분에서 **그들은** 일반적인 것으로부터 제거된 범주에 의해 공유될 수 없다. 새 버전에서 남성적 젠더는 책의 실제 형식보다 체계적으로 특수화된다. 남성적인 것은 지금까지 여성적 젠더(**여성, 그녀,**

---

9 역자 노트: 데이비드 르 베이(David Le Vay)의 번역은 특히 문장의 리듬과 어휘의 선택이라는 측면에서 정말로 아름답다. 이 글 〈젠더의 표식〉은 1985년 《페미니스트 이슈》 5(2)에 처음 발표되었다. 여기서의 역자는 이 글을 편집한 이다.

그녀의)가 그랬던 것처럼, **그들** 다음에서 나타나선 안 된다. **남성, 그, 그의** 다음에서 나타나야만 한다.[10] 내가 보기에, 영어식 해결책은 언어에서 성 범주를 쓸모없게 만드는 데 한 걸음 전진할 수 있도록 할 것이다.

《레즈비언 육체*Le Corps Lesbien*》의 핵심 대명사에 대해 말하는 것은 매우 어렵다. 그리고 때때로 나는 이 텍스트를 언어학자 에밀 방브니스트(Emile Benveniste)의 대명사 je와 tu에 대한 아름다운 분석에 관한 몽상이라고 생각한다. 《레즈비언 육체》의 ile은 과잉의 기호다. '나'의 과잉을 상상하도록 돕는 기호이자 너무나 기쁜 '나'. '나'는 《레즈비언 육체》에서 너무 강력해져서 텍스트에서 이성애 질서를 공격할 수 있고, 소위 사랑을, 사랑의 영웅을 공격할 수 있고, 그들을 레즈비언화하고, 상징을 레즈비언화하고, 신과 여신들을 레즈비언화하고, 남성과 여성을 레즈비언화할 수 있다. 이 '나'는 이런 시도로 파괴될 수 있고, 회생될 수 있다. 무엇도 이 '나'를 거부할 수 없다. [혹은 이 너(tu), 그 동일한, 그 사랑] 그리고 이 '나'는 아무것도 멈출 수

---

10 옮긴이 주: 여성이 보편화된 주어가 아니라 특수한 여성, 그녀로만 사용됐던 것처럼, 남성적인 것은 보편화된 they와 함께 쓰여선 안 되고, 특수한 남성, 그, 그의 다음에 사용되어야 한다는 의미이다.

없는 용암 흐름처럼 스스로를 책의 전체 세계에서 펼친다.

이 텍스트 안에서 내가 착수한 것을 이해하기 위해서, 우리는《오포포낙스》로 돌아가야 한다. 거기서 화자는 책 맨 끝에서 je, '나'로 한 번 나온다. 영어로 번역되지 않은 작은 문장[11]은 모리스 세브(Maurice Scève)[12]의 시 〈델리*La Délie*〉에 나오는 "나는 그녀를 사랑했다. 그래서 그녀 안에서 나는 아직 산다(Tant je l'aimais qu'en elle encore je vis)"는 시구이다. 이 문장은《오포포낙스》의 핵심이며 궁극의 빛을 텍스트 전체에 쏟아붓는다. 그리고 레즈비언의 사랑이 절대적 사랑일 때, '오포포낙스'의 의미를 탈신비화하고 레즈비언 주체를 절대적인 주체로 설립한다. **우리**(on)와 오포포낙스 그리고 **나**(je), 끝의 '나'는 연결고리를 좁힌다. 그들은 연속적으로 작동한다. 첫 번째 우리(on)는 다른 사람들뿐 아니라 주인공인 카트린 르그랑(Catherine Legrand)의 캐릭터와 일치한다. 그러고 나서 오포포낙스는 부

---

11 《오포포낙스》영어판에서는, 프랑스어에서는 유기적 요소로 포함된 시의 완전체가 누락되었다. 이탤릭체나 인용 부호로도 구별되지 않았다. 영어에서는 시의 완전체를 구현할 수 없었고 그로 인해 프랑스어의 중요한 미덕이 사라져 버렸다.

12 옮긴이 주: 16세기 프랑스 시인. 〈델리〉는 젊은 유부녀 페르네트 뒤 기예와의 불행한 사랑을 노래한 시다. 두산백과 참조.

적으로, 세계를 여는 참깨로, 말과 세계를 모두 말이 되게 강
제하는 말로, 레즈비언 주체에 대한 비유로서 등장한다. '내가
오포포낙스'라는 카트린 르그랑의 반복된 주장 뒤에, 서술자
는 책의 결말에서 릴레이를 이어받아 그녀의 이름을 확인한다.
"나는 그녀를 사랑했다. 그래서 그녀 안에서 나는 아직 산다."
《오포포낙스》의 우리(on)에서 '나(je)'로의 순열 연쇄는 《레즈비
언 육체》에서 '나'의 맥락을 창조했다. 국제적이고 특수한, 보
편적이고 독특한 이해는 동성애에 주어진 시야로부터 획득된
것이고, 프루스트의 특별한 페이지들의 대상이다.

언어에서 젠더 개념에 대한 주장을 마무리하기 위해, 나는
젠더는 그 종의 고유한 표식, 억압받는 집단을 지칭하는 고유
한 어휘 상징이라고 말할 것이다. 다른 어떤 것도 언어 안에서
그것을 근절하기 위해 어휘 단위까지 언어를 바꿀 뿐 아니라
그 구조 자체와 기능을 뒤집어야 할 정도의 흔적을 남기지 않
았다. 더구나 이것은 이 변화에 의해 영향을 받는 극소수 개념
들과 생각들을 넘어서 비유적인 단계에 이르기까지, 단어의 관
계를 바꿀 것이다. 이것은 말과 음조에 대한 말의 색채를 바꿀
것이다. 이것은 개념적인 철학적 단계와 시적 단계뿐 아니라
정치적 단계에도 영향을 미치는 변화다.

9

행위의 장소
(1984)

《황금 열매*Les Fruits d'or*》(1963) 이래로 나탈리 사로트의 작업에서는 소설의 실체에 관한 전체적인 변화가 벌어지고 있다. 그래서 파악하기가 어렵다. 말해진 단어의 휘발성 때문에, 나는 그녀가 작업하는 그 재료를 언어학자들이 '발화'라 부르는 것과 비교하기 위해 '대화'라 부를 것이다. 언어학에서 자주 사용되지 않는 이 말로, 나는 사람들이 말할 때 그 사이에서 발생하는 모든 것을 함축한다. 그것은 전체 안에서 적절한 발화를 넘어서는 현상을 포함한다. 그리고 이 단어의 의미가 무언가를 차단하는 것에서부터 축약하는 것에 이르기 때문에 단순히 화행을 지시하는 것이 아니라서 나는 그것을 발화의 사용에 관련된 어떤 행위로까지 확장한다. 담화의 사건들(휴지, 과잉, 결여, 톤, 억양)과 그것과 관련된 효과들(굴성, 제스처)까지.

이런 점에서 사로트의 캐릭터는 대화다. 카프카의 K보다 더 익명인 그들은 플라톤의 《고르기아스 *Georgias*》, 《크리톤 *Crito*》, 《에우튀프론 *Euthyphro*》의 대의를 가졌다. 대화와 같은 철학적 필요성에 의해 초래되었기 때문에, 그들은 유성처럼 사라진다. 혹은 소설 속 캐릭터보다 현실적이지 않고 우리 안에 있는 허구에 대한 욕망을 충족시키는 이름으로 장식된, 길에서 지나간 사람들처럼 사라진다. 그러나 여기서 중요한 것은 독자에게 일상적인 캐릭터, 일상적인 과제인 그런 대화에 덧붙여, 사로트의 철학적 문제, 발화와 대화, 그녀 스스로가 '말의 사용'이라고 부르는 소설이다. 언어에 관한 해부학적 관점만 가지고 있는 언어학자와 달리, 소설의 시점은 자신의 한계를 설정할 필요가 없다. 하나의 움직임에서 그것은 수집하고, 모으고, 일으키고, 영향을 미치고, 행위하기 때문이다. 사로트를 통해 소설은 아직 문학이나 과학, 철학에서 이름이 없는 현상을 창조한다.

사로트가 《의혹의 시대 *L'Ere du soupçon*》(1956)에서 발전시킨 캐릭터, 시점, 대화와 관련된 모든 문제는 발화의 사용이 사로트의 책에서 독점적인 주제가 되면서 해결되었다는 것을 제일 먼저 언급해야 한다. 형태를 완전히 바꾼 캐릭터는 텍스트의 필요에 따라 여전히 다루기 힘들다. 그 형태 자체는 사라졌다. 소설에서 일반적으로 설득력이 있는 요소(장소, 건물, 정확한 지리적 공간에 대한 묘사)를 구성하고 이미 《황금 열매》에 선행하는 사로트의 소설에서 엄격하게 제한된 시공의 우주는 지금 가장 추상적이다. 그것은 누군가 말하는 특정하지 않은 장소이거나 혹은 아마도 상상적 대화 상대가 있는 정신적 우주다.

때때로 대화 상대는 대화를 끊거나 종결하고 공간을 결정하지 않은 상태에서 물러난다. 때로는 '여기'와 '거기'가 있지만 거리를 지시하는 것은 장소에 상응하지 않고 언어 작업에서의 차이에 상응한다. 거기 있는 사람들과 여기 있는 사람들은 같은 언어를 말하지 않는 중이다. 고유한 것과 거리가 먼 시점은 대화 상대의 개입에 따라 항상 빠르게 이동하고 의미의 변화, 변이를 촉발한다. 이 시점의 복수성과 운동성은 글쓰기 리듬에 의해 생성되고 유지된다. 글쓰기 리듬은 담론이라고 불리는 것과 그 사건들에 의해 단절된다. 이 복수성을 캐릭터에 대한 정신분석학적, 윤리적 혹은 정치적 해석으로까지 강조하는 것이 중요하다. 어떤 해석도 불가능하기 때문이다. 반대로 해석은 지속적으로 방해받는다. 말해진 담론은, 내적 대화뿐 아니라 내적 담론도 작가에 의해 추정된다. 그리고 더 나아가 그녀의 시점에 위탁된 특권화된 대화 상대(플라톤의 소크라테스와 대조적으로)는 없다. 이는 독자가 일시적인 시나리오처럼, 《마르트로*Martereau*》의 예처럼, "망루에서 지시하는 사람의 입장인 것처럼 열중한 상태인 독자는 그의 방어 본능을, 그의 직감적 힘을, 그의 기억을, 그의 판단력과 이성을 모두 작동시킨다(le lecteur, sans cesse tendu, aux aguets, comme s'il était à la place de celui à qui les paroles s'adressent, mobilise tous ses instincts de défense, tous ses dons d'intuition, sa mémoire, ses facultés de jugement et de rasonnement)"[1] 는 것처럼, 그것들을 모두 성공적으로 채택하도록 한다.

나는 텍스트 자체의 실체를, 리듬을, 시퀀스를 그리고 발전 방식을, 대화 상대 사이에서 흩어져 버린 고립된 말의 사용을, 시점 이동이 일어나는 순간 텍스트의 스펙터클한 진동을, 대화 장면을, 지휘봉에 의한 것처럼 단어 주변에서 조율된 클리셰를, 텍스트의 짝패가 탄생하고 발전하는 것을 말하는 데 기쁨을 느낀다. 이 텍스트는 일종의 골동품 그리스 합창단처럼

---

1 Nathalie Sarraute, *L'Ere du soupçon*(Paris: Gallimard, 1956), p. 144(영어판 *The Age of Suspicion*, p. 115).

반응한다. 비극적이지 않고 냉소적이며 담론의 우연성을, 그들 모두를 멀리 데려가는 고유한 움직임의 모든 요소를 역동적으로 조합하는 것을 지적한다. 그것은 텍스트다.

그러나 나는 더 철학적인 문제에 관해 말해야 한다. 그것이 사로트가 전체로서 말하지 않았음에도, 내가 플라톤과 그의 대화 상대들을 언급한 이유다.

매일 이루어지는 것과 같은 말의 사용은 언어와 자아를 옥죄는 전투다. 그리고 그럼으로써 생기는 치명적인 문제는 가능한 한 조심스럽게 언어의 속성을 숨기고 위장하는 것이다. 여기서 인식되지 않고 옥죄는 것은 말 사이의 말들이다. '아버지들' 전에, '어머니들' 전에, '너는 ~이다' 전에, '죽은 자의 발생' 전에, '구조주의' 전에, '자본주의' 전에. 모든 종류의 말하기가 질식시키는 것은, 거리의 말이든 철학자의 연구든, 첫 번째 언어(사전이 우리에게 대략적 아이디어를 주는)다. 아직 일어나지 않은 의미, 모두를 위한 의미, 모두에게 속한 의미 그리고 모두에게 차례대로 차지하고, 사용하고, 구부릴 수 있는 의미다. 이것이 우리를 묶는 사회적 약속이기 때문에, 독점적인 계약(다른 것은 불가능하다), 루소가 상상한 그대로 존재하는 사회계약이다. 남성도 여성도 없는, 인종도 억압도 없는, 진보적으로 한 단어씩 언어를 이름 지을 수 있는 것밖에 없는 곳이다. 우리는 여기서 모두 자유롭고 평등하다. 그밖에 가능한 약속은 없다. 우리는 모두 말은 교환될 수 있고, 언어는 완벽한 호혜 관계에서 스스로를 형성한다는 인식을 가지고, 말하는 것을 배웠다. 그렇지 않다면, 누가 말하고 싶어 할 만큼 미쳤겠는가? 예를 들어 언어학자가 우리에게 알려 준 그 엄청난 힘, 스스로에게서 기인한 사용하는 힘, 빛나는 소리와 의미를 가진 말로 이루어진 모든 언어는 우리 모두의 것이다. 언어는 누구나 자유롭게 놀 수 있고, 말을 통해 단번에 다른 사람들이 팔 뻗으면 닿는 곳에 같은 자격을 제공하는 공통장²으로 존재한다. 언어 없이는 의미도 없다. 모든 모음, 모든 자음으로 단어들은 무한한 공간에, 끝없는 행복에 걸맞게 펼쳐지고, 열리고, 들이마시고, 빨아들이고, 가득 채워지고, 부풀어 오르고, 널리 퍼진다[Par toutes leurs voyelles, par toutes leurs consonnes

---

2 역자 노트: "lieu commun"에서 위티그는 공동의 장소(공용 공간 같은)와 다반사(언어의 평범함)를 동시에 환기시켰다. 이 욕망된 모호함은 영어로 썼을 때 사라졌다. (구어가 아니었음에도 불구하고) 영어에서는 반드시 둘 중 하나를 선택해야만 했다. *여기서의 역자는 로이스 오펜하임(Lois Oppenheim)이다. 모니크 위티그는 이 책에서 〈관점: 보편적인 혹은 특수한?〉과 〈행위의 장소〉는 프랑스어로 썼고 나머지는 영어로 썼다. 프랑스어로 쓴 두 글엔 각각 역자가 있다.—옮긴이

(les mots) se tendent, s'ouvrent, s'imbibent, s'emplissent, se gonflent, s'épandent à la mesure d'espaces infinis, à la mesure de bonheurs sans bornes].[3]

언어는 보이고, 들리고, 감지할 수 있고, 구미에 맞는 말로 이루어진 천국으로 존재한다.

서로 부딪치는 말의 충돌은 그 의미를 익사시킬 때 … 서로 문질러서 그것을 감추는 불꽃이 쏟아져 내릴 때, … 각 단어의 의미가 광대하고 안개 낀 우주에 둘러싸인 아주 작은 알갱이로 줄어들 때, … 반사, 반영, 섬광의 상연 아래 숨겨질 때, … 말이 서로 거리를 둔 채 매달려 후광에 둘러싸이고 떠다니는 것처럼 보일 때, … 그들이 하나씩 우리 안에 자리 잡을 때, 스스로를 단단히 뿌리박게 하고, 천천히 우리의 가장 모호한 실체를 흡수할 때, 우리의 구석구석을 채우고 확장시키고 우리의 수단을 넘어, 모든 수단을 벗어나 우리의 수단을 널리 퍼뜨릴 때?[4]

quand le fracas des mots heutés les uns contre les autres

---

3   Nathalie Sarraute, *Disent les imbéciles*(Paris: Gallimard, 1976), p. 130[영어판 *Fools Say*, Maria Jolas(New York: George Braziller, 1977), pp. 101~102].

couvre leur sens ··· quand frottés les uns contre les autres, ils
le recouvrent de gerbes étincelantes ··· quand dans chaque mot
son sens réduit à un petit noyan est entouré de vastes étendues
brumeuses ··· quand il est dissimulé par un jeu de reflets, de
réverbérations, de miroitements ··· quand les mots entourés d'un
halo semblent vogue suspendus à distance les uns des autres ···
quand se posant en nous un par un, ils s'implantent, s'imbibent
lentement de notre plus obscure substance, nous emplissent
tout entiers, se dilatent, s'épandent à notre mesure, au-delà de
notre mesure, hors de toute mesure?

그러나 사회계약이 전체적이고 독점적인 언어의 배치를 보
장하는 동안, 그리고 이 같은 권리로 대화 상대자와 같은 용
어를 교환하는 가능성을 보장하는 동안, 언어와 관련된 두 가
지 양식은 상식과 아무런 관계가 없음에도 불구하고 나타난
다. 교환은 호혜를 보장할 때 가능하기 때문이다. 하나의 계

---

4 Nathalie Sarraute, *L'Usage de la parole*(Paris: Gallimard, 1980), p. 148[영어판
   The Use of Speech, Barbara Wright, in consultation with the author(New York: George
   Braziller, 1983), p. 142].

약이 있는 대신에 갑자기 두 개의 계약이 있었다. 하나는 명쾌한 계약이다. '나'가 있는 곳에 말의 사용이 주어짐으로써 인간이 만들어진다는 것이다. 다른 하나는 언어의 실천이 있는 곳에서 그것을 말하는 '나'가 구성된다는 것이다. 말과 마주하면서, '나'는 의지에 따라 형성하고 변형되는 세계에 속하는 영웅(heros-héraut, Hérault, erre haut)[5]이다. 그리고 모두는 '나'에게 이 권리를 보장하기로 동의한다. 이것은 보편적인 합의다. 여기서 나는 격식을 차릴 필요가 없다. 나는 내 부츠를 테이블에 올릴 수 있다. 나는 강력하다. 혹은 소설가 로베르 펭제(Robert Pinget)가 소설 《바가*Baga*》에서 말한 것처럼, 나는 "나 자신의 왕"이다. 다른 계약에서 명확한 것, 매우 반대되는 것이 발생한다. 대화 상대의 출현으로 극이 뒤집어진다.

무엇이 탈출하고자 하는 욕구에 그들이 굴복하게 하는지 이야기해 보자. 우리는 모두 그것을 느끼고 있다. 그것은 그들이 굴복해야 하는 것에 관한 전망이다. 그 작은 작전. 작은? 그러나 합리적으로, 온순하게, 점잖게, 무서워하며 '작은 것' 뒤로 대피

---

5 역자 노트: 'hero'(영웅)를 사용한 동음이의어의 말장난은 번역 불가능하다. *여기서의 역자는 로이스 오펜하임이다.

하는 것의 좋은 점은 무엇인가? 솔직히 말하자면 그 작전은 작지 않다, 아니 전혀 작지 않다. 사실 이 작전에는 '엄청난'이라는 단어가 어울린다. 엄청난 작전, 그야말로 진정한 탈피.[6]

Disons que ce qui pourrait les faire céder à ce besoin de fuite ··· nous l'avons tous éprouvé ··· ce serait la perspective de ce à quoi elles seront obligées de se soumettre ··· cette petite opération ··· Petite? Mais à quoi bon essayer raisonnablement, docilement, décemment, craintivement, de s'abriter derrière "petite"? Soyons francs, pas petite, pas petite de tout ··· le mot qui lui convient est "énorme" ··· une énorme opération, une véritable mue.

그가 말한 진전은 한마디도 하기 전에, '나'가 망토가 아닌 옷을 던져 버리는 것으로 충분하다.

망토가 내뿜는 어떤 것, ··· 액체 같은, 광선 같은 것 ··· 그 영향 아래서 그는 그가 그에게 형식을 주는 과정을 경험하고 있다

---

6 Sarraute, *L'Usage de la parole*, pp. 88~89(영어판 *The Use of Speech*, p. 85).

고 느낀다. 그 과정은 그에게 신체를, 섹스를, 나이를 주고 오랜 발전을 축약한 수학적 공식 같은 기호를 부여한다.[7]

D'elle quelque chose se dégage … comme un fluide … comme des rayons … il sent que sous leur effet il subit une opération pra laquelle il est mis en forme, qui lui donne un corps, un sexe, un âge, l'affuble d'un signe comme une formule mathématique résumant un long développement.

'내'가 그것을 알기도 전에, '나'는 죄수가 되었다. 바보 같은 거래의 희생양이 되었다. 완전한 자유로 착각된 것, 필요한 호혜, 그것 없이는 언어가 불가능한 것은, 사소한 말로도 '나'를 전복시키는 거래, 즉 항복이다. 이 단어는 말해진다. 그리고

중심, 작전 참모가 있는 비밀 장소, 거기서 최고 사령관인 그를 위해 모든 지도가 펼쳐져 있고, 지형을 검토하고, 보고를 듣고, 결정을 하고, 작전을 지휘하고, 폭탄이 떨어진다. … 그런 그가

---

7 위의 책, p. 91(영어판 p. 87).

땅바닥에 내던져지고, 그의 배지는 뜯기고, 그는 떨리지만 일어나서 걸어야 하고, 앞으로 나아가고, 소총의 개머리판으로 얻어맞고, 부딪히고 차인 채, 죄수의 회색 무리로 들어간다. 모두 똑같이 입고 같은 범주에 속하게 된다.[8]

le centre, le lieu secret où se trouvait l'état-major et d'où lui, chef suprême, les cartes étalées sous les yeux, examinant la configuration du terrain, écoutant les rapports, prenant les décisions, dirigeait les opérations, une bombe l'a soufflé ⋯ il est projeté à terre, ses insignes arrachés, il s'est secoué, contraint à se relever et à marcher, poussé à coups de crosse, à coups de pied dans le troupeau grisâtre des captifs, tous portant la même tenue, classés dans la même catégorie.

두 번째 계약에서 응당 분명한 것은, 대화에서 어떤 휴지(잠시 멈춤)도 금지하지 않고 가장 강한 것이 이긴다는 점이다. 다른 사람의 권리를 말하는 것은 이런 경우에 부적절할 것이다.

---

8 Sarraute, *Disent les imbéciles*, p. 42(영어판 *Fool Say*, p. 35).

사람은 언어가 허가한, 타자에 대한 무제한의 힘을 이용할 때만 가장 강하다. 더 무제한의 힘. 왜냐하면 언어는 사회적 존재를 인지하지 않기 때문이다. 그러므로 완전한 면죄로 말의 최강은 범죄자가 될 수 있다. 말(les paroles).

(말들은) 대부분 악의 없이 일상적으로 나타나기 때문에 아무도 이에 대해 트집을 잡거나 감히 피해자가 분명히 고백하지 않고도 존재할 수 있고, 또 존재한다. 말은 작은 범죄들로 이루어진 일상적이고 교묘하며, 매우 효과적인 무기라는 점 말이다. 어떤 것도 말이 타인에게 닿는 속도만큼 빠를 수 없고, 그렇기 때문에 상대방이 경계심을 가장 늦추는 순간, 말은 기분 나쁘게 간지러울 때나 가벼운 화상을 입었을 때 정도의 느낌을 어쩌다 줄 뿐이다. 말은 상대방의 가장 비밀스럽고 취약한 부분에 비수처럼 꽂히고, 그의 가장 깊은 마음속에 머무른다. 상대방이 차마 반격할 희망도, 방법도, 시간도 가지지 못하게 한 채.[9]

pourve qu'elles présentent une apparence à pue près anodine

---

9 Sarraute, *L'Ere du soupçon*, pp. 122~123(영어판 The Age of Suspicion, pp. 97~98).

et banale peuvent être et sont souvent en effet, sans que personne y trouve à redire, sans que la victime ose clairement se l'avouer, l'arme quotidienne, insidieuse et très efficace, d'innombrables petits crimes. Carrien n'égale la vitesse avec laquelle elles touchent l'interlocuteur au moment où il est le moins sur ses gardes, ne lui donnant souvent qu'une sensation de chatouillement désagreable ou de légère brûlure, la précision avec laquelle elles vont droit en lui aux points les plus profonds, sans qu'il ait le désir, ni les moyens, ni le temps de riposter.

말을 돌리자면, 누군가 일렬로 서서 두 신사 사이에 줄을 놓았다. 《마르트르》의 서술자처럼, 최초의 약속으로 '나'를 자유롭게 설정하고, 지금은 '나'를 손과 발에 묶어 둔다. 날개 달린 말은 또한 곤봉이다. 언어는 미끼다. 천국은 또한 담론의 지옥이다. 바벨과 같은 언어의 혼란 혹은 불화는 더 이상 없다. 그러나 그 위대한 조례, 엄격한 의미, 사회적 의미의 선을 그리는 것은 있다.

두 계약 사이에서 무엇이 발생하는가? 왜 더는 전지전능한 주체, 왕이 없는데, '나'는 왕좌의 발에서 스스로 먼지 속을 구르고 있는가? 사르트르가 사로트의 소설《알려지지 않은 남자의 초상 *Portrait d'un inconnu*》 추천사에서 "특수한 것에서부터 일반적인 것까지의 끊임없는 오감"을 이야기했을 때, 그것은 어떤 과학적 접근이다. 사르트르는 굴성을, 의식의 움직임을, 하나 또는 여러 가지 말에 대한 반응의 지표를 생각하는 중이었고, 일반적인 것에 도달하려는 특정한 의식을 상상하는 중이었다. 그러나 사실 그것은 정반대다. 사로트에 따르면 '나'가 단수로 말해질 때마다, '나'는 '일반적인', '무한한', '성운', '세계'이기 때문이다.

발화와 대화 상대 사이의 간격에서 갈등이 나타난다. 이상한, 비통한, 특수한 것에서 일반적인 것으로의 이동에서 생긴 긴장, 어떤 인간이든 경험된 '나'—언어에서 고유하고, 형태가 없고, 경계가 없고, 무한한—는 갑자기 아무것도 아니거나 거의 아무것도 아니게 된다. '너', '그', '그녀', '작고 못생긴 친구', 대화 상대. 그 잔인한 축소["*véritable mue*"(진정한 탈피)]는 그 전 도유망한 계약이 화려하게 틀렸다는 것을 함축한다. 그리고 사로트는 언어의 교환에 대한 항상적 압력을 경험한다. 특히 대화에서 사회적 의미 혹은 일반적인 관심과 특수한 관심 사이의 모순이 갈등의 근원이다.

그뿐만 아니라 이 모순은 사로트가 심문하는 전체 시스템을 향한 것이다. 계약의 근본적인 결함, 즉 과일에 있는 벌레는 계약이 바로 그 구조에서부터 불가능하다는 사실을 향한 것이다. 언어를 통해 '나'는 즉시 모든 것이다. '나'는 (발화자로서) 모든 힘을 갖는다. 그리고 '나'는 광기, 죽음을 야기하는 말로 인해 위기에 처해 있다. 사회적 중요성, 공통장이 원인은 아니다. 그들은 뒤따라 사용된다. 심지어 '나'는 그들이 존재하는 이유처럼 보인다. '공통 창고로부터 뽑아야 한다.' 게다가 그들은 모두의 처분에 달려 있다. 모두 그들을 강렬하게 사용한다. 약자, 강자, 각자 자신의 방식으로 희생자가 되고, 자신감에 찬 사람이 되고, 모델인 젊은 커플, 자기 확신에 찬 남자가 된다. 거기에는 승자도 패자도 없다. 그들과 동등해진 축소된 '너', 그들의 위신을 떨어뜨리고, 그들과 동등해진 너. "우스꽝스럽게 벌거벗겨져 부끄러움으로 얼굴을 붉힌 채 서로 사슬로 연결된 익명의 노예들을 가축은 허둥지둥 시장으로 끌고 갔다."[10] 힘이 센 사람이 차례로 약해지는 《마르트르》에서처

---

10 Nathalie Sarraute, *Martereau*(Paris: Gallimard, 1953; Le livre de poche, 1964), p. 129[영어판 *Martereau*, Maria Jolas(New York: George Braziller, 1959), p. 127].

럼, 너는 부메랑처럼 공격자에게로 등을 돌린다. "부드럽고, 약하고, 추위에 멍해진 마르트르 … 거리의 부랑아는 그에게 돌을 던진다 … 얼굴을 칠한 채, 우스꽝스러운 복장을 차려입고, 그녀는 매일 밤 그가 광대를 연기하게 한다. 관객들은 야유를 보내거나 깔깔대며 폭소한다. 그러면서 싼 카바레의 무대에서 "꼬끼오" 하고 닭 울음소리를 내게 한다(tendre faible transi de froid … les gamins lui jettent des pierres. … La face peinte, affublé d'oripeaux grotesques, elle le force chaque soir à faire le pitre, à crier cocorico sur l'estrade d'un beuglant, sous les rires, les huées)."[11]

어떤 사회적 행위자는 그가 어떤 상황이든 공통장의 무기를 사용한다. 교환 계약을 세운 것이 바로 호혜의 열화 형태이기 때문이다. 그러나 언어에 관한 두 방식의 대립(발화와 대화 상대)으로 인한 갈등에도 불구하고 계약은 어느 시점에서든 난제로 남는다.

사로트 소설의 실체는 이중 운동[12]을, 이 치명적인 포옹을 폭력적이고 격렬한 열정적인 말로 감싼다. 그것은 내가 사회계약의 천국은 오직 문학에만 존재한다고 말한 이유다. 문학

---

11 위의 책, p. 213(영어판 pp. 211~212).

12 옮긴이 주: 대립하면서도 계약을 하는 이중적인 상황을 말한다.

에서 굴성은 그 폭력으로 인해 '나'의 환원을 공통분모로 여길 수 있고, 공통장의 촘촘히 짜인 재료를 찢을 수 있고, 지속적으로 언어 조직이 강박적 의미 체계가 되는 것을 방해할 수 있다.

관점 바꾸기

프랑스 여성 해방 운동을 대변하는 단 하나의 이름은, 분명 모니크 위티그다. 그녀의 문학 작업은 여러 언어로 번역되어 널리 명성을 알렸다. 그러나 모니크 위티그가 20세기 후반부에 저자로서 이름을 남긴 데는 그녀의 이론적 텍스트가 전파된 것도 역할을 했다. 그녀의 이론은 위티그가 우리 시대의 위대한 사상가임을 보여 주었다.

문학, 정치학, 이론 등 위티그의 영향력은 어딘가로 한정되지 않고, 이 세 영역을 넘나든다. 그리고 바로 이 다면성 때문에 그녀의 사상이 중요하다.

그녀의 문학적 작업에 대해서는 많은 논의가 진행되었다.

하지만 그녀의 이론적이고 정치적인 글에 대해서는 충분히 논의되지 않았다. 이는 더 정치적인 선언이 될 것이다. 내가 모니크 위티그를 1970년대 초반부터 개인적으로 알고 있다는 것은 행운이다. 위티그의 사고가 미친 즉각적인 영향력은 계산할 수 있지만, 그녀의 작업이 여성 해방을 위한 투쟁사에 미친 전체적인 영향력을 예상하는 것은 쉽지 않다. 그녀의 에세이는 동시대 페미니스트 이론에서 토대가 되는 가정들에 질문을 불러일으켰다. 여기서 문제는 총합적인 개념적 혁명이다.

1978년 뉴욕에서 열린 근대언어협회(the Modern Language Association)의 연례 회의에서 모니크 위티그가 "레즈비언은 여성이 아니다"는 문장으로 〈이성애적 사유〉의 발표를 끝마쳤을 때, 관객들의 따뜻한 환영보다 멍한 침묵이 앞섰다. 2년 후 이 에세이가 프랑스 저널 《페미니즘의 질문》에 게재되었을 때, 더 급진적인 페미니스트 위티그는 이 멍한 침묵을 정치적인 압박으로 바꿨다. 결론을 '부드럽게' 하기 위해 각주가 추가되었다. 위티그의 놀라운 관점은 당시에는 상상할 수 없었다. 사실상 프랑스의 주요 선각자인 위티그에 의해 여성 해방 운동사의 페이지가 넘어갔다. 그 페이지는 무엇이었나? 왜 여성 해방 운동을 더는 똑같은 방식으로 볼 수 없는가? 정확하게는 관점이 변했기 때문이었다.

금세기가 시작된 이래 '여성 권리'의 옹호에서부터 '여성 억압'에 대한 페미니스트 분석에 이르기까지 여성의 투쟁 전체는 '여성의 관점'에 토대를 두었다. 말할 필요도 없었다. 이런 분석이 몇 년간 정련되었고, 모든 해방 운동에서 그러하듯이 다른 경향들이 나타났다. 그러나 누구도 이 기본적인 합의에 대해서는 묻지 않았다. 이것은 논쟁 밖의 문제로 여겨졌다. 그리고 "레즈비언은 여성이 아니다"는 선언은 즉각 이론, 정치적으로 전체 운동을 분열시켰다.

유물론적이고 급진적인 페미니즘의 최근 개념, 그중 '성 계급'이라는 생각에 기대어, 위티그의 선언은 페미니즘이 논의해 본 적 없던 근본적인 지점을 질문했다. 섹슈얼리티가 아니라 정치적인 레짐으로서의 이성애다. 그때까지 페미니즘은 '가부장제'를 여성에 대한 남성의 지배에 기초한 이데올로기적인 시스템으로 간주했다. 그러나 '남성'과 '여성'이라는 범주 자체에 대해서는 실제로 질문하지 않았다. 여기서 '레즈비언의 존재'가 중요한 의미를 갖는다. 이 두 범주는 서로가 없이는 존재할 수 없는데, 레즈비언은 '여성'을 위해, '여성'에 의해 존재하기 때문에 개념적인 시스템에 결함이 있을 수밖에 없는 것이다.

1980년대 초반, 프랑스와 퀘벡의 많은 레즈비언은 이 관점을 '급진적 레즈비어니즘'이라고 부르기 시작했고, 그들의 전략을 완전히 수정했다. 급진적 레즈비언들은 이제 이성애를 뒤집어야 할 정치적 레짐으로 본다는 기본적인 합의에 이르렀다. 우리는 모니크 위티그의 글에서부터 영감을 받았다. 위티그의 작업은 분석과 행동의 출발점이 되었다. 모든 역사는 다시 검토되었다.

역사를 이런 관점에서 살펴보면, 이성애를 '정치적 제도'로 보는 분석의 토대가 이미 1970년대 초반 특정 레즈비언 분리주의자에 의해 시작되었다고 말하는 것도 흥미로울 것이다.[1] 그러나 미국의 레즈비언 분리주의는 이 분석을 채택하지 않았다. 그 대신 본질주의적 틀 안에서 레즈비언 공동체에 새로운 레즈비언 가치를 발전시키는 것을 목표로 삼았다. 이것은 "이성애…는 레즈비어니즘을 부인 혹은 파괴함으로써만 정치적 힘을 강화할 수 있다"[2]는 것을 무시하고 있다. 레즈비언 공동

---

1 Charlotte Bunch, "Learning from Lesbian Separatism", *Ms.*(November 1976)를 참조하라.

2 Ariane Brunet and Louise Turcotte, "Separatism and Radicalism: An Analysis of the Differences and Similarities", *For Lesbians Only: A Separatist Anthology*(London: Onlywomenpress, 1988), p. 450.

체의 존재는 전략적으로 필요하다. 그러나 그들이 이성애 제도의 타파를 목표로 하는 정치적 운동의 맥락 안에 있지 않다면, 그 의미는 완전히 달라진다. 우리에게 레즈비언 공동체는 '새로운 범주'를 만드는 문제다.

그러나 기존의 범주를 해체해야만 진짜 변화를 가져올 수 있다. 이것이 우리가 모니크 위티그의 작업을 통해 이해한 것이다. '여성'을 '레즈비언'으로 대체하는 것이 아니라 우리의 전략적 위치를 이성애 시스템을 파괴하는 용도로 만드는 것이다. "우리(레즈비언들)는 … 도망친 노예다 … 우리 계급으로부터 탈출한 자들이다"(⟨누구도 여성으로 태어나지 않는다⟩). 이 핵심 문장은 레즈비언 관점의 정치적 차원을 제공한다. 위티그를 읽을 때는 언제나 이것이 분명해진다.

에이드리언 리치는 1980년에 ⟨강박적 이성애와 레즈비언 존재⟩[3]라는 에세이에서 이성애에 대한 페미니스트 분석을 제안했다. 리치에게 이성애는 "권력에 의해 고안되고, 관리되고, 조직

---

3 Adrienne Rich, "Compulsory Heterosexuality and Lesbian Existence", *Signs* 5, no. 4(Summer 1980). 에이드리언 리치, ⟨강제적 이성애와 레즈비언 존재⟩, 《레즈비언 페미니즘 선언》, 나영 옮김(현실문화, 2019).

되고, 선전되고, 유지되는 것"[4]이다. 이 텍스트는 이성애를 가부장제 안에 있는 정치적 제도로 놓는다. 리치는 레즈비언 존재를 이러한 제도에 대한 저항 행위로 본다. 하지만 "레즈비언 존재는 궁극적인 해방 형태에서 이 정치적인 내용을 깨달아야 한다. 성애적 선택은 의식적인 여성 동일시에 달려 있고, 여성 동일시로 확장되어야 한다."[5] 리치는 이성애의 개념을 '여성의 관점'으로부터 생겨난 동시대 페미니스트 이론 틀 안에서 분석한다. 반면 급진적 레즈비어니즘은 그런 관점이 없다. 급진적 레즈비어니즘은 레즈비어니즘을 필연적으로 정치적인 것으로 보고, 총체적으로 이성애적인 정치적 레짐을 벗어난 것으로 간주한다. 말하자면 "강제적 이성애"는 불필요한 것이다.

억압에 대한 인식은 억압에 대한 반응(대항해서 싸우는)일 뿐만 아니라 사회와 세계의 개념을 전체적으로 재평가하고, 억압의 관점에서부터 새로운 개념을 만들어 내 전체를 재조직화하는 것이기도 하다. 나에게 이 문장은 모니크 위티그의 작업을 요약한다. 내가 그녀를 만났던 공격적인 단체에서 나는 각 개인에 대한 그녀의 깊은 존중, 모든 형태의 권력에 대한 그녀

---

4 위의 책, p. 648.

5 위의 책, p. 659.

의 깊은 멸시를 통해 무력(武力)에 대한 생각을 바꿨다. 그리고 내가 이론적이고 정치적인 것 사이를 오갈 필요성을 이해하게 된 것도 그녀의 글쓰기를 통해서였다. 정치적 투쟁은 글쓰기 없이는 배태될 수 없었고, 이론이 점진적으로 변화함에 따라서 우리의 정치적 투쟁을 바꿔야만 했다. 그것은 우리의 행동과 정치적 위치를 재검토하려는 항상적 경계와 항상적 의지를 필요로 하는 과제다. 페미니스트 운동에서 급진적 레즈비언들의 질문을 이해해야 하는 것은 이런 측면에서다.

"우리는 반드시 핵심 개념에 대한 정치적 변화를 생산해야만 한다. 그리고 그 변화는 우리에게 전략적인 개념이어야 한다."(《이성애적 사유》) 이성애 정치 레짐을 질문하지 않는 동시대 페미니즘은 이 시스템을 제거하기보다 재조율할 것을 제안한다. 마찬가지로 젠더 개념의 동시대적 전개는 억압의 관계를 가리고, 위장하는 것처럼 보인다. 종종 젠더는 남성과 여성 사이의 사회적 관계를 묘사하려고 할 때조차, 우리를 무시하거나 사라지게 한다. '성 계급'은 정치적 차원의 관계들을 박탈한다.

나는 여기서 위티그의 사고 체계에서 핵심적 요소를 언급하고자 한다. 다음 문장에 깔끔하게 요약되어 있다. "소수자 작가의 텍스트는 소수자 관점을 보편적으로 만들 때만 성공할 수 있다."(〈관점: 보편적인 혹은 특수한?〉) 이것은 위티그의 특별한 효과[6]를 증명한다. 레즈비언 관점을 보편적인 것으로 주장함으로써, 그녀는 우리에게 익숙했던 개념을 뒤집는다. 소수자 작가가 지배계급으로부터 의심의 여지없는 보편성을 획득하고 싶다면, '보편적인 것'을 자신의 관점에 더해야 한다. 예를 들어, 게이 남성은 그들의 위반이나 지배적 선택에도 불구하고, 언제나 그들 스스로를 소수자로서 정의하고, 의심하지 않는다. 이것이 게이 문화에 언제나 꽤 광범위한 관객이 있는 이유다.

위티그의 레즈비언 사유는 위반이 목표가 아니다. 하지만 보편성이 놓인 바로 그 지점에서 젠더와 섹스의 범주를 폐지한다. "성(젠더), 성별 차이, 남성, 여성, 인종, 흑인, 백인, 자연은 범주의 핵심에 있다. 그리고 그들은 우리의 개념, 법, 제도, 역사, 문화를 만든다."(〈호모 숨〉) 보편적 사고가 필요하다는 한도를 재검토하기 위해서, 버리기 위해서가 아니라 더 효과적으로 만들기 위해서, 변증법을 포함한 모든 기본적 분석 도구의 재평가가 필요하다.

모니크 위티그의 작업은 정치학과 이론 사이의 연결에 대한

---

6 옮긴이 주: 보통 특수하다고 말해지는 것을 보편적인 것으로 뒤집는 효과를 말한다.

완벽한 예시다. 너무 자주 우리는 이 두 근본적인 요소를 분리된 전체라고 여겨 왔다. 우리가 실제로는 교차하고 있을 때, 한 편에 이론적인 작업이 있고, 다른 한 편에 평행으로 작동하는 정치적인 작업이 있다. 이 이론과 정치학의 만남은 모든 정치 투쟁에서 근본적이며, 위티그의 사고가 불편하게 만드는 바로 그 지점이다. 이론적 합의는 정치적 투쟁을 요청한다. 이론적 합의에 도달할 때, 역사의 방향은 이미 움직였다.

루이즈 튀르콧(《어제의 여전사들, 오늘의 레즈비언들》 멤버)

감사의 말

메리 조 레이크랜드와 수전 엘리스 울프, 상데 지그, 루이즈 튀르콧, 파스칼 누아제(Pascale Noizet), 쉬제트 트리통, 로매니 이블레이(Romany Eveleigh), 앤드루 흐리시나(Andrew Hrycyna), 수전 메그(Susan Meigs) 그리고 출판사 비컨 프레스(Beacon Press)의 도움과 지지에 감사드린다.

1935년 7월 13일 프랑스 오랭에서 태어났다.

1938~44년 알자스 지역이 독일 통치를 받게 되자 오댕쿠르(Audincourt)로 가족이 이주.

1950년 파리로 이사. 소르본대학 입학.

1964년 첫 번째 소설 《오포포낙스》 출간. 12개 나라에서 출판. 메디치상 수상.

1968년 마르쿠제의 《일차원적 인간》 번역.

1968년 5월 여러 행사에 참여.

1969년 두 번째 소설 《게릴라들》 프랑스에서 출간.

1970년 5월 동생 질 위티그, 마르시아 로젠버그, 마가렛 스티븐슨과 〈여성 해방을 위한 전투〉를 *L'Idiot International* 6(1970년 5월)에 발표. MLF의 첫 번째 집회인 파리 제8대학 집회에서 제목을 〈여성 해방 운동을 위하여〉로 수정해 배포.

---

7 이 연보는 위티그의 사후 출간된 책인 *On Wittig*(Urbana: University of Illinois Press, 2005)를 토대로 작성했다.

1970년 8월 26일 개선문에서 진행된 MLF의 첫 번째 대중 집회에 참여. 위
    티그는 "두 명 중 한 명은 여성이다"고 쓰인 피켓을 들었다.

1971년 《게릴라들》 미국에서 출판.

1973년 세 번째 소설 《레즈비언 육체》 출간.

1974년 마리아 이사벨 바레노(Maria Isabel Barreno), 마리아 테레사 오르타
    (Maria Teresa Horta), 마리아 벨루 다 코스타(Maria Velho da Costa), 일명 '세 명
    의 마리아(The Three Marias)'로 불리는 포르투갈 작가들이 함께 쓴 《노바
    스 카르토스 포르투구에사스 *Novas Cartoes Portuguesas*》를 에블린 르 가렉
    (Évelyne Le Garrec), 베라 프라도(Vera Prado)와 함께 번역해 《새로운 포르투
    갈의 잠문들 *Les nouvelles lettres portugaises* 》(Les Éditions de Minuit)로 출간. 이 책
    은 포르투갈에 뿌리 깊이 내린 가톨릭 가부장제와 독재 정권, 식민주의
    등의 문제를 고발했다. 포르투갈 제2공화국이 무너지는 데도 크게 기여
    했다는 평가를 받았다.

1976년 상데 지그와 함께 《레즈비언들: 사전을 위한 재료》 출간.

1976년 상데 지그와 미국으로 이주.

1976~89년 캘리포니아대학교 버클리 캠퍼스(UCB), 뉴욕대, 서던캘리포니
    아대학교(USC), 듀크대 등에서 강의.

1978년 보부아르가 에디터로 이름을 올리고 있는 《페미니즘의 질문》의 편
    집위원이 되었다.

1978년 〈이성애적 사유〉를 근대언어협회에서 발표.

1979년 《레즈비언들: 사전을 위한 재료》 영어판 출간.

1979년 뉴욕에서 열린 〈제2의 성, 그 후로 30년 The Second Sex, Thirty Years
    After 〉 컨퍼런스에서 〈누구도 여성으로 태어나지 않는다〉 발표. 이 컨퍼

런스에서 엘렌 식수가 프랑스에서 레즈비언은 부정적인 함의가 있어 사용되지 않는다고 말하자 홀 뒤쪽에서 이 말을 들은 위티그가 "어떤 프랑스? 이건 스캔들이야"라고 이의를 제기했다.

1980년 《페미니즘의 질문》에 〈이성애적 사유〉 발표. 《페미니즘의 질문》은 페미니스트와 급진적 레즈비어니즘 사이의 입장 차이로 종간을 결정했다. 위티그는 더는 '페미니스트'라는 용어를 사용하지 않기로 한다.

1981년 메리 조 레이크랜드와 수전 엘리스 울프가 새로운 저널 《페미니스트 이슈》에 자문 편집자로 초대.

1982년 주나 반스의 《스필웨이》를 아뱅-노트(Avant-Note)와 함께 번역해 《열정 *La Passion*》(Editions Flammarion)으로 출간.

1983년 《페미니스트 이슈》 3(2)에 〈관점: 보편적인 혹은 특수한?〉 발표.

1984년 《페미니스트 이슈》 4(2)에 〈트로이 목마〉 발표.

1984년 *Digraphe* 32에 나탈리 사로트에 관한 에세이 〈행위의 장소〉 발표.

1985년 *Virgile, non*(Les éditions de Minuit) 출간.

1985년 《페미니스트 이슈》 5(2)에 〈젠더의 표식〉 발표.

1989년 《페미니스트 이슈》 9(1)에 〈사회계약에 대하여〉 발표.

1990년 애리조나대학 프랑스·이탈리아학과의 종신교수가 되었다. 여성학도 가르쳤다.

1992년 《스트레이트 마인드》 출간.

1999년 *Paris-la-politique et autres histoires*(P.O.L.) 출간.

2001년 위티그의 미발표 단편을 바탕으로 만든 상데 지그의 영화 〈더 걸〉 개봉. 시나리오는 위티그와 지그가 함께 썼다.

2003년 심장마비로 사망. 화장돼 파리에 있는 페르 라셰즈 묘지(Père Lachaise

Cemetery)에 뿌려졌다. 미국의 뉴욕, 투손과 프랑스의 파리, 툴루즈 그리고 독일의 베를린, 이탈리아의 밀라노 등에서 추모식이 열렸고 《르몽드》, 《뉴욕타임즈》 등에 부고가 실렸다.

작품들

책

— *The Opoponax*(New York: Simon and Schuster, 1966; Daughters, 1976). 처음 프
랑스에서 *L'Opoponax*(Paris: Les Éditions de Minuit, 1964; Le Livre de poche,
1971)로 출간되었다. 1964년 메디치상 수상. 12개 나라에서 출판.

— *Le Guérillères*(New York: Viking, 1971; Avon, 1973; Boston: Beacon Press, 1986).
처음 프랑스에서 출간되었다(Paris: Les Éditions de Minuit, 1969). 8개 나라에
서 출판.

— *The Lesbian Body*(New York: William Morrow, 1975; Avon, 1976; Boston:
Beacon Press, 1986). 처음 프랑스에서 *Le Corps lesbien*(Paris: Les Éditions de
Minuit, 1973)으로 출간되었다. 7개 나라에서 출판.

— *Lesbian Peoples: Materials for a Dictionary*(New York: Avon, 1979). 상데 지
그와 함께 번역했다. 처음 프랑스에서 *Brouillon pour un dictionnaire des
amantes*(Paris: Grasset, 1975)로 출간되었다. 6개 나라에서 출판.

—*Across the Acheron*(London: Peter Owen, 1987). 처음 프랑스에서 *Virgile, non*(Paris: Les Éditions de Minuit, 1985)으로 출간되었다. 네덜란드에서도 출판.

—*The Straight Mind and Other Essays*(Boston: Beacon Press, 1992). 이후 샘 부르시에(Sam Bourcier)가 2001년 프랑스어로 번역했다[*La Pensée Straight*(Paris: Balland, 2001)].

—*Paris-la-politique et autres histoires*(Paris: P.O.L., 1999).

단편

—"Banlieues". *Nouveau Commerce*(1965).

—"Voyage". *Nouvelle Revue Française*(1967).

—"Une partie de campagne". *Nouveau Commerce*(1970).

—Untitled. *Minuit*(1972).

—"Un jour mon prince viendra". *Questions Féministes*(1978).

—"Tchiches et Tchouches". In *Le Genre Humain*(Paris: Centre national de la recherche sociologique, 1983). Written for a conference at La Maison française New York University, March 1982.

—"Paris-la-politique". *Vlasta*(1985).

희곡

- *L'Amant vert*. 1967. 1969년 볼리비아에서 공연되었다.

- *Le Grand Cric-Jules, Récréation, Dialogue pour les deux frères et la soeur*. 슈투트가르트 라디오에서 의뢰한 짧은 희곡.

- *The Constant Journey*. 1984년 미국에서 초연되었고, 1985년 프랑스 롱푸 앵 극장(Théâtre du Rond-Point)에서 〈끝없는 여행*Le Voyage sans fin*〉으로 공연되었다. 공동 감독은 샹데 지그. 시몬 드 보부아르 시청각 센터(Centre audio-visuel Simone de Beauvoir)에서 공연을 촬영했고, 링컨센터 공연예술도서관에 필름과 테이프가 있다.

이론과 비평

- "Lacunary Films". *New Statesman*(1966). On Godard.

- "Bouvard et Pécuchet". *Les Cahiers Madeleine Renaud-Barrault*(1967). On Flaubert.

- "Paradigm". In *Homosexualities and French Literature*(Ithaca: Cornell University Press, 1979).

옮긴이 허윤

부경대학교 국어국문학과 조교수. 이화여자대학교 국문과 및 동 대학원 졸업. 〈1950년대 전후 남성성의 탈구축과 젠더의 비수행〉, 〈냉전 아시아적 질서와 1950년대 한국의 여성혐오〉, 〈1950년대 퀴어 장과 법의 접속〉 등의 논문과 《1950년대 한국소설의 남성 젠더 수행성 연구》를 썼다. 함께 쓴 책으로 《그런 남자는 없다》 《문학을 부수는 문학들》 《을들의 당나귀 귀》가 있고, 게일 루빈의 《일탈》을 함께 번역했다.

모니크 위티그의
스트레이트 마인드

초판 1쇄 발행 2020년 2월 20일

지은이   모니크 위티그
옮긴이   허윤

펴낸곳   (주)행성비
펴낸이   임태주

책임편집   여미숙
디자인   이유나

출판등록번호   제313-2010-208호
주소   서울시 마포구 토정로 222 한국출판콘텐츠센터 318호
대표전화   02-326-5913
팩스   02-326-5917
이메일   hangseongb@naver.com
홈페이지   www.planetb.co.kr

ISBN 979-11-6471-094-2 03300

※ 값은 뒤표지에 있습니다. 잘못 만들어진 책은 구입하신 서점에서 교환해 드립니다.

※ 이 도서의 국립중앙도서관 출판예정도서목록(CIP)은 서지정보유통지원시스템 홈페이지 (http://seoji.nl.go.kr)와 국가자료공동목록시스템(http://www.nl.go.kr/kolisnet)에서 이용하실 수 있습니다.(CIP제어번호: CIP2020003625)

행성B는 독자 여러분의 참신한 기획 아이디어와 독창적인 원고를 기다리고 있습니다.
hangseongb@naver.com으로 보내 주시면 소중하게 검토하겠습니다.